建築工事の祭式

地鎮祭から竣工式まで

「建築工事の祭式」編集委員会 編著

学芸出版社

推薦のことば

城南宮宮司　鳥羽重宏

　建築工事の祭典と儀式について詳述した本書が，日本建築協会の企画のもと歴史ある建築技術選書の一冊として上梓されたことは，ご同慶の至りである．また様々な事例を整理し，用語を統一される作業はさぞかし大変なことであったと拝察し，関係各位の熱意とご尽力に敬意を表する次第である．

　さて，現在これ程までに科学技術が進歩しても，大地震や火事・洪水など，自然の猛威の前に我々は為す術も無く，圧倒されてしまう．まして古代の人々は如何ほどの力を感じたであろうか．地の揺れや落雷，暴風雨といった自然現象を畏怖し，神々を感じ，ひたすら加護を求めた．そして，神々が領く土地に手を加える際は，土地を領有するその神に許しを請うたのである．弥生時代の大規模集落と確認された大阪府の池上曽根遺跡では大型の高床式建物の棟持柱の柱穴から勾玉が出土したが，これは柱を立てるに際し，祈りをこめた印と考えられる．『日本書紀』の持統天皇5年（691）には，藤原京の造営に際して「新益京を鎮め祭らしむ」とある．やがて仏教が広まれば法具を用いて土地を鎮めることもあった．10世紀に編纂された『延喜式』に，内裏落成の際などに殿舎の平安を祈って奉仕された「大殿祭」の祝詞が記載されている．今日では城南宮などの社寺仏閣で新年に行われている釿始式は，工事の最初に行われる重要な儀式であり，その「てをのはじめ」という語は，藤原道長の土御門殿の再建を記す，『栄華物語』の長和5年（1016）の段に見えている．こうして古代以来，建築工事の節目節目に無事を願って祈りを捧げてきたのである．そしてその祈りは，建物の担い手や規模に応じ，また地方地方の特色を守りながら様々な形で行われてきたのであり，

現在では，それら建築の諸祭儀の多くを神道の祭式で奉仕している．

　私事になるが，建築の安全に霊験あらたかと崇められる城南宮においても，工事安全の祈祷に限らず，工事現場に出向いて数多くの祭典を奉仕させていただいている．神職は神々に奉仕し，神々と人々との間を取り持つことが務めである．参列者に成り代わって祝詞(のりと)を奉上している間，参列者の各々が工事の無事を真剣に祈られている気配を感じ，また，玉串を奉って拝礼する際に代表者と参列者の拍手(かしわで)が見事に揃い，人々の心の一致が顕わになると，さぞかし神様もお喜びであろうと自ずから思われる．しかし，参列者も何かなおざりで残念に思うこともある．そして参列者の気構えを正すか否かは，祭場の設営や司会進行の手際に負うところが大きいことも確かである．

　神社での祭典でもそうであるが，祭典が滞り無く執り行われるか否かは，ひとえに準備にかかっている．関係者と神職の入念な打ち合わせ，隅々まで行き届いた設営，参列者への心配り，これらについて，長年にわたる経験に基づき蓄積されたノウハウを各社が持ちより，惜しげも無く披瀝され，整理編集されて本書が誕生したことは，洵にもって画期的と言えよう．建築の諸祭儀を執り行うにあたり，工事関係者が現場で直面する疑問に答え，問題を解決するための，経験者による，工事関係者のための書籍である．建築主も設計者も施工者も，祭式に対する理解が深まり，また準備等に要する労苦が軽減されるに違いない．

　多くの方々がこの本を手にされ，祭典の諸準備を遺漏無く整えられることを望んでやまない．そして，一層謹みの気持ちをもって祭典に臨まれ，神々の前に安全を誓い，その緊張感を忘れることなく工事に当たられることを切に願うものである．

平成13年11月12日

城南宮の本殿

（京都市伏見区）

方除の大社と仰がれる城南宮は，建築工事や転宅の安全を願う関西一円からの参拝者で賑わう．清めの御砂・方除札・鎮物・上棟札と工事の安全に必要な御札をいただくことができる．本殿は寝殿造りの神楽殿とともに平安時代後期の建築様式に則っている．神社は，名神高速道路京都南Ｉ．Ｃ．から南 100 メートルのところにある．

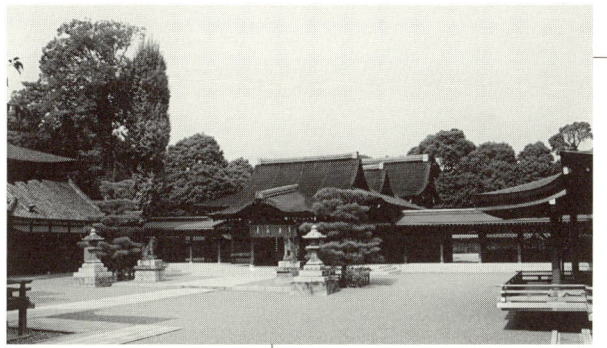

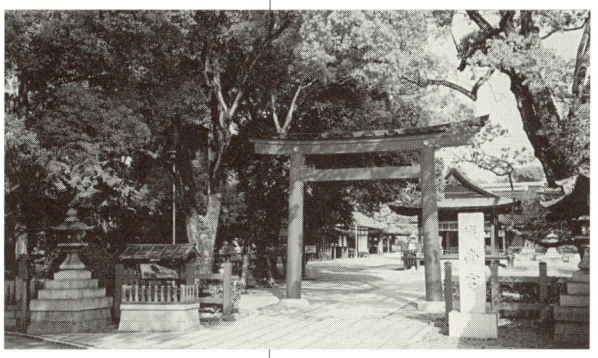

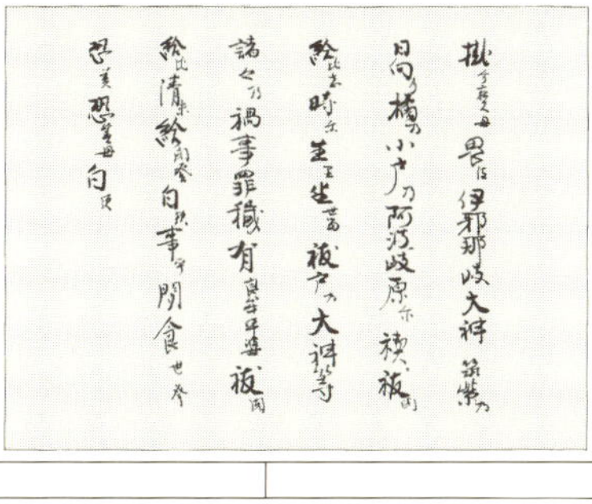

掛畏伊邪那岐大神 筑紫
日向橘小戸阿波岐原禊祓
給時生坐祓戸大神等
諸々禍事罪穢有祓
給清給白事聞食
恐恐白

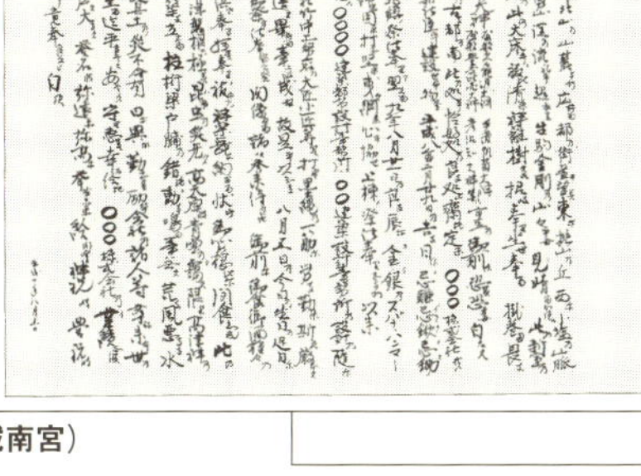

（提供・城南宮）

祓詞の例

神事は「修祓」から始まる．神職が祓戸大神に対して禍事や罪・穢を祓い清めてくださるよう祈願する詞を祓詞と言う．

祝詞の例

祝詞とは，神事の中の「祝詞奏上」の時，神職が神に奏上する詞である．祭場に招いた神々の名を挙げ，建築主の氏名などを明らかにし，参列者の願いごとを申し上げ，祈願する詞である．

＊(注) 図中の ▾ は，奉書の折り目を表す．

はしがき

　この小著は，建築工事に関わる祭式を執り行うのに必要な知っておくべき事柄について，地鎮祭から竣工式までの基本的なポイントを押えながら，ノウハウ集として要点をまとめたものです．日本建築協会出版委員会では，建築工事の祭式についてわかりやすくまとめた本が少ないということから，2000 年 6 月に「建築工事の祭式」小委員会を発足させ，小著の内容について議論を重ねてきました．要点を整理しますと次の 3 点です．

　第一は，同じ建設会社の中でも東京と大阪では祭式の進め方が違うということ．神社界では地鎮祭などの建築の祭式は雑祭として執り行われ，式次第や要領は統一されたものはないということがわかりました．祭壇の飾り付けひとつにしても，建設会社の設営では三段ですが，神社界では平の一段で行われています．神籬を中心に考えれば神饌が逆向きになるという理由からだと思われます．

　第二は，「祭」と「式」の違いは何なのかという点です．儀式の名称を例にとっても，建設業界や一般社会で執り行われている「上棟式」は神社界では「上棟祭」，「竣工式」は「竣工祭」として執り行われています．「祭」とは「まつり」，「祭礼」，「にぎやかな催し」であり，英語では Festival となります．また「式」とは「一定の体裁または形状，或いはきまったやり方，作法，方式」，「儀式」であり，英語では Ceremony となります．私見ではありますが，「祭」と「式」を厳密に区別することに本質的な意味がないようにおもいます．

　第三は，本のタイトルについてです．当初は「建築工事の式祭」としてスタートしましたが，最終出稿の段階で式祭という言葉を確認すると辞書にはないことが判明しました．辞書では「祭式」「式典」「儀式」「祭儀」等として掲載

されています．この点については出版小委員会での結論を尊重し，祭式とすることにしました．建設業界では式祭という用語で，建築主，神社，設計事務所の方々と現在も違和感なく使用されているのも事実です．

　以上のことをふまえ出版小委員会では，次の基本方針で編集作業を行いました．
　その一つは，建築工事の祭りごとについて小委員会のメンバー各社で実施している事例を実際にあった失敗事例をも交えながら紹介し，建設会社の祭式担当者や企業あるいは個人で建物を建設しようとされる建築主または設計者にもわかりやすく解説し，マニュアルとして利用できる内容とすることです．
　その第二は，消えていきつつある伝統的な建築工事の祭式について今も受け継がれて実際に行われている儀式や道具，作法を，できるだけ忠実に記録として残しておくことです．
　出版小委員会のメンバーは祭式についてはほとんどが専門外であり，読者の立場で何度も読み直し，だれにでも理解できることを前提に編集をすすめてまいりました．
　京都伏見の城南宮宮司，鳥羽重宏氏には最終原稿の確認を含め丁重なご指導をいただきここに発刊の運びとなりました．しかしこの小著は建築工事の祭式に関するひとつの事例を示したに過ぎず，すべてのことをカバーした内容にはなっていないかもしれません．今後，本書をきっかけに読者諸兄から他の事例や資料をご提供いただき，日本建築協会出版委員会として「建築工事の祭式」についての更なる改訂を行っていけることを願っております．

2001 年 11 月吉日
「建築工事の祭式」出版小委員会
委員長　仲　本　尚　志

目 次

第1章　祭式の基礎知識 ………………………………………………………… 10

1　建築祭式の目的　12　　　概要
2　祭式の形式　13　　　　　概要
3　祭式の種類　14　　　　　概要／祭式の種類と祭神
4　祭式の日取り　18　　　　概要／人々の行動基準としての暦／六曜とは
　　　　　　　　　　　　　◆ 暦の吉凶について　20
5　祭式の計画　22　　　　　概要／計画スケジュール／各祭式の主催者／建築主・設計者と施工会社との打合せ／神社・神職と施工会社との打合せ／祭場の準備
6　祭式の流れ　30　　　　　概要／祭式の進行
7　儀式　32　　　　　　　　手水／修祓／降神の儀／献饌／祝詞奏上／清祓の儀／行事／玉串奉奠／撤饌／昇神の儀／直会
　　　　　　　　　　　　　◆ 祝詞について　39
　　　　　　　　　　　　　◆ 玉串奉奠について　44
　　　　　　　　　　　　　◆ 手締め　48
　　　　　　　　　　　　　◆ 祭儀の伝統　49

第2章　地鎮祭 ……………………………………………………………………… 50

1　地鎮祭について　52　　　概要／木造建築の場合
2　地鎮祭の式次第　54　　　概要／木造建築の場合
3　祭場設営　56　　　　　　概要／祭場設営の例／祭場設営のその他の例／全体配置の標準例／全体配置のその他の例（直会会場を併設）
4　地鎮の儀　64　　　　　　概要
　　　　　　　　　　　　　◆ 地鎮祭余話　66
　　　　　　　　　　　　　◆ 作法・礼法　68

第3章　上棟式 ……………………………………………………………………… 70

1　上棟式について　72　　　概要／木造建築の場合／棟札の事例／幣串の事例
2　上棟式の式次第　78　　　概要／木造建築の場合
3　上棟行事場　80　　　　　概要／木造建築の場合／個人住宅の地方色
4　上棟の儀　82　　　　　　鉄筋コンクリート造，鉄骨造の場合の儀式と要領／鉄骨造の上棟の儀の流れ
　　　　　　　　　　　　　◆ 棟上げ式余話　86
5　立柱式について　88　　　概要／立柱式の式次第／立柱の儀
6　定礎式について　90　　　概要／定礎式の式次第／祭場設営／定礎の儀
　　　　　　　　　　　　　◆ 熨斗と水引　96

第4章　竣工式 ……………………………………………………………… 98

 1 竣工式について 100   概要／木造建築の場合
 2 竣工式の式次第 102   概要
 3 清祓の儀 103   概要
 4 祭式の会場の事例 104 概要
 5 落成式・落成（竣工）披露 105 概要／落成式の式次第と落成（竣工）披露のプログラム／招待者とその対応／会場設営
  ◆鎮守の森について 109

第5章　その他の祭式 ……………………………………………………… 112

 1 火入式 114   概要／点火の儀（自動点火方式の場合）／火入の儀（点火棒方式の場合）／やきもの初窯の例
 2 点灯式 118   概要
 3 古井戸埋鎮式 119   概要
 4 除幕式 120   概要／除幕の儀

第6章　実務マニュアル ………………………………………………… 122

 1 祭式計画 124   概要／手順を踏まえ下準備をする
 2 祭式計画書—フォーマット例— 126 祭式計画書表紙（目次）／祭式概要／式次第（神事，直会）／参列者／工事概要／会場配置図／座席表（祭場の座席配置の例，直会会場の座席配置の例）
 3 祭式計画書—祭式責任者手元資料—フォーマット例 136 概要／参列者名簿／神事・直会出席者名簿／祭式実施担当者の当日の役割
 4 祭式計画のチェックリスト 140 概要／全祭式共通チェックリスト（建築主・設計者打合せ用，神社打合せ用，外部委託先・会場設営打合せ用）／各祭式用チェックリスト（地鎮祭（起工式）用，上棟式用，竣工式用，落成式・落成（竣工）披露用，定礎式用，除幕式用）
 5 式次第と司会 150   概要／祭式の式次第と司会要領の例／地鎮行事の司会要領の例／上棟行事の司会要領の例／竣工行事の司会要領の例／直会の進行および司会要領の例／司会者の当日の心得
 6 英文版式次第の例 162 概要／地鎮祭／上棟式／竣工式
 7 文例・挨拶の例 167   感謝状／招待状と礼状／定礎銘／挨拶の例

付記　祭式用語 …………………………………………………………… 174

 参考文献 182
 あとがき 183

第1章　祭式の基礎知識

1　建築祭式の目的
2　祭式の形式
3　祭式の種類
4　祭式の日取り
5　祭式の計画
6　祭式の流れ
7　儀式

地鎮祭

祭壇の左前に盛砂があり，祭壇の右側に地鎮の儀で用いられる鎌，鋤，鍬が用意されている．地面の床には砂が敷かれている．

上棟式

祭壇の左右に棟札，幣串，振幣が飾られ，祭壇右側に鉄骨造の建物の上棟の儀で用いられるボルト，ナットなどが用意されている．床は現場の進み具合で異なるが，この写真の場合はコンクリートの素地に養生用のカーペットが敷かれている．

竣工式

当式では，地鎮祭，上棟式のような行事用具が一切ない最もシンプルな祭壇となる．竣工建物内の室内は仕上げが完了している．この写真の祭場の床は，カーペットである．

●祭壇三景

▶1◀ 建築祭式の目的

儀　式

●1　概要

人の一生は儀式との関係が密接である．誕生後の宮参りから始まり，還暦など，人生の節目の儀式がある．建築工事でもこれと同様，古くから伝承された習慣によって儀式が執り行われている．

　建築祭式の主旨は，工事中の折々に，工事の安全と建物の永遠堅固や社運の隆盛発展を神々に祈願し，これまでの神の加護に感謝すると共に，さらに工事関係者が気分を新たにする機会をつくることである．

　建築の着工から竣工までには，地鎮祭に始まって竣工式にいたるまで，いろいろの祭式が執り行われる．

　その祭式の場では，工事関係者が一層仕事に励む心構えを持つ重要な機会として，建築工事の節目の祝事となっている．

人と儀式

宮参り・食べ初め・七五三・入学式・卒業式・成人式・結婚式・金婚式・還暦・古希・喜寿・米寿など，人の一生には古くから伝承された人生節目の祝事がある．

神事とは

神を祀る儀礼・行事のこと．本書では，神職主宰で執り行われる各祭式すべての儀式を「神事」と呼ぶ．その中で「地鎮の儀」「上棟の儀」など，各祭式ごとに異なる参列者の所役が行う儀式を「行事」と呼称している．

●かわらけ　神酒をいただく

▶ 2 ◀ 祭式の形式

神事

● 1　概要

祭式には，神式，仏式，キリスト教式などの様々な形式があるが，一般的には神式によることが多い．本書は，神式の祭式について記している．

　神式の場合，古くから伝承されてきた共通の形式がある．

　地方や神道各派による多少の違いや建物の規模・工事の種類のほか，建築主を始めとする関係者の考え方などによっても多少の相違が出て来る．

　ただし，いずれの場合でも式の本質には変わりがない．祭式はイベントではない．神職が神々をお迎えして執り行う，厳粛な神事である．

　建築主や施工者が祭式を計画し，関係先と事前の打合せを始める時は，祭式は神事であるという意義をよく理解し，あくまでも厳粛さを失うことのないように留意しておかねばならない．

●手水　手を清める

神式による祭式

伊勢神宮と出雲大社とでは儀式の司祭の仕方や運び方が異なる．また個々の建築地の氏神によっても，その細部で多少異なっているところがある．

神職と呼称

神官について，特記なき限り本書では神職と呼称している．
本文中「斎主（さいしゅ）」「祭員（さいいん）」の呼び名を特記する場合もあるが，いずれも神職の神事での役目の呼び名である．
その違いは，端的に言えば前者が主役で後者が補佐役である（p.174「祭式用語」参照）．
ただし，建築祭式においては，神職が一人すなわち斎主のみの「一人奉仕」が一般的である．神職が二人以上のケースではじめて祭員が登場する．

▶ 3 ◀ 祭式の種類

祭　神

● 1　概要

建築の祭式のなかで三大祭式と呼ばれているのは，地鎮祭・上棟式・竣工式である．

　個人で家を建てる場合でも，昔からの習わしで，地鎮祭と上棟式をするのが一般的である．

祭神とは

各祭式でお祀りする神々のこと．

祭式の実施時期

建築工事が発注され，それが竣工するまでには，まず地鎮祭を行って，工事が無事に進行することを祈願する．工事がある程度進んだ節目には，上棟式などが執り行われる．建物が完成したら，竣工式などを執り行う．最後に落成（竣工）披露が催され，めでたく一切の祭式行事が終わる．

木造伝統建築の祭式

一般に神社・仏閣などの祭式は，古式にのっとり正式な儀式となるので，建築主主導で行われる．その内容は特殊なため，本書では省略する．

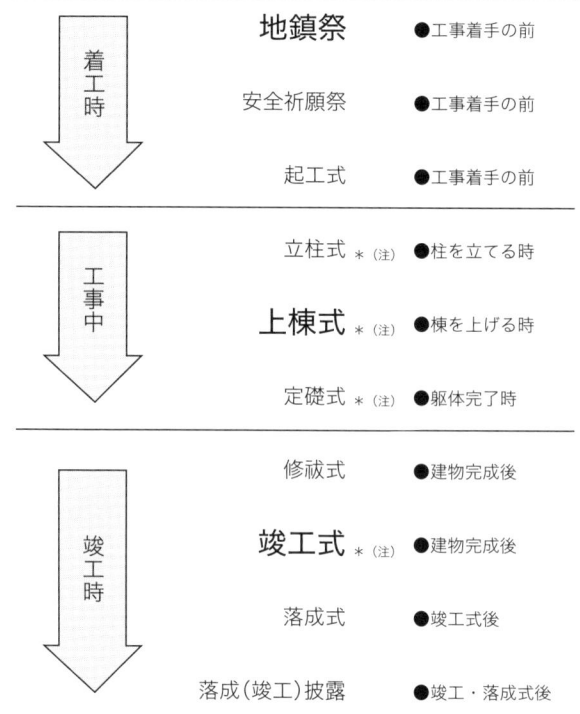

着工時	地鎮祭	●工事着手の前
	安全祈願祭	●工事着手の前
	起工式	●工事着手の前
工事中	立柱式 *(注)	●柱を立てる時
	上棟式 *(注)	●棟を上げる時
	定礎式 *(注)	●躯体完了時
竣工時	修祓式	●建物完成後
	竣工式 *(注)	●建物完成後
	落成式	●竣工式後
	落成（竣工）披露	●竣工・落成式後

＊（注）神社庁では「立柱祭」「上棟祭」「定礎祭」「竣工祭」を用いている．ただし，一般には「式」の呼称で広く慣れ親しんでいる．本書では「式」の呼称を用いた．

木造建築では，上棟式を重視するが，鉄筋コンクリート造や鉄骨造の建築では地鎮祭に重きが置かれ，地鎮祭と竣工式が対となって行われるケースが大半である．ただし，建物の使用者が建築主でない分譲マンションなどの場合，竣工式が省略されることがある．また，鉄筋コンクリート造の上棟式は省略される場合がある．

個人住宅の場合，地鎮祭を神職一人による神式，上棟式は棟梁一任，新築祝い（竣工式）は完成した自宅に親しい人を招きささやかに儀式を行っているのが，一般的である．

その他の祭式としては，火入式・点灯式・古井戸埋鎮式・除幕式などがある（第5章「その他の祭式」参照）．

伊勢神宮の例

伊勢神宮の式年造営の時に行われる諸祭儀は，古式豊かに執り行われる．まず木材を山で伐り出す時から儀式が始まる．これを山口祭と言う．その木材を神宮内に入れる時，屋根を葺いた時など竣工までに多くの儀式があり，中でも主要な儀式は，木造始祭（こづくりはじめ），鎮地祭（ちんち）（地鎮祭のこと）立柱祭，上棟祭などである．

地鎮祭	工事着手の前に行い，土地の神や工事の守護神をお祀りし，敷地の穢れを清め祓って，工事の無事進行，竣工と永遠の加護を祈願するもの．「とこしずめのまつり」「じまつり」とも言う．伊勢神宮では，鎮地祭（ちんち）と呼ぶ．	第2章 地鎮祭 参照
安全祈願祭	施工者が主催する祭式と言われ，地鎮行事のうち「清祓の儀」のみを行い建築主の参加する「地鎮の儀」全体が省かれるのが一般的である．他は地鎮祭と同じ．公共工事の特定宗教による建築祭式が違憲の懸念を抱かれないよう，公共工事で考え出された形式が発端となっている．	
起工式	工事着手の前に行い，着工に至った喜びを感謝し，工事の順調な進捗と安全を祈願するものである．公共工事では，地鎮祭と言わず起工式の呼称が一般的である．地鎮の儀の替わりに，起工の儀を行う．起工式と言っても時には地鎮祭を意味する場合もある．	
立柱式	木造や鉄骨造で，柱を立て固め建物の永遠堅固を祈願する儀式である．一般には基礎工事が完了して柱を立て始める時に行う．鉄筋コンクリート造の場合は行われない．	第3章 上棟式 参照
上棟式	棟上げとも言う．建物の守護神と工匠の神に，これまで工事が無事に進んだことを感謝すると共に，竣工に至るまでの加護と建物の永遠堅固を祈願する儀式である．	
定礎式	本来は石造建築で基準となる隅の礎石を鎮定する儀式である．定礎石を据え建物の永遠堅固と安泰を祈願する．現在は定礎箱を収納し定礎石でふたをする形式が多い．本来工事中に行われる儀式であるが，竣工式に先立って執り行われる事もある．	
修祓式	清祓式（きよはらいしき）ともいい，建物が完成した後，使用に先立ち穢れを除き建物全体を清め祓う儀式である．建物の四方に切麻（きりぬさ）をまくなどしてお祓いをする．	第4章 竣工式 参照
竣工式	建物が無事完成したことを神々に奉告し，新しい建物の安全堅固と建築主の弥栄（いやさか）を祈り，末永く神恩を垂れ給うことを祈願する儀式である．	
落成式	落成式は対世間的なもの．建築主の得意先関係や関係官庁，近隣の方々などを招待し工事が無事完了したことを感謝すると共に工事関係者の労をねぎらう意味を持つ．落成式と落成（竣工）披露の違いは明確ではない．	
落成（竣工）披露	落成式終了後，参列者に新しい建物の内外を披露して，引き続き特設の会場で披露の宴を行う．	

第1章 祭式の基礎知識

● 2　祭式の種類と祭神

祭式や建物の種類，工事内容に応じて祭神は異なる．

祭神について

本書では一般的と思われる祭神を記しておいた．どの祭式でもほぼ必ず祀られるのが，土地の氏神様である「産土大神（うぶすなのおおかみ）」とされている．

　工事の節目節目に祭式を執り行い，神々を祀り，工事の無事を祈るのである．したがって，祭神を知り，祭神についての見識を持つことは，祭式を実りあるものにする第一歩である．どの祭式でいかなる祭神を祀るか，建物の種類や，工事の内容，また神職の信念により異なるが，次にその例を示す．

祭神 ＼ 祭式の種類	地鎮祭	安全祈願祭	起工式	立柱式	上棟式	定礎式	修祓式	竣工式
大地主神（おおとこぬしのかみ） 大地の守護神	○							
産土大神（うぶすなのおおかみ） 土地の氏神様	○	○	○	○	○	○	○	○
手置帆負命（たおきほおいのみこと） 工匠の守護神			○	○	○	○		
彦狭知命（ひこさしりのみこと） 工匠の守護神			○	○	○	○		
屋船久久能知命（やふねくくのちのみこと） 家屋の守護神					○	○	○	○
屋船豊受姫命（やふねとようけひめのみこと） 家屋の守護神				○	○	○	○	○

八百万の神々と言われるように,わが国では実に多くの神々が信じられている.そして神ごとに働き,すなわち守護する専門分野が異なるのである.豊作を司る神もあれば,水の神,風の神,火の神……と,その道のスペシャリストがいると信じられている.建物の種類や,工事の内容を神職に詳しく説明すれば,それに応じて,一番ふさわしい神々を神籬に招いて祭式を行うのであるから,祭神については神職に任せるのがよい.

祭神の選定について

下表は,参考として見るにとどめ,実際の祭式については,その土地の神職と事前打合せをすることが大切である.
屋船久久能知命は,木の神であるから,鉄筋コンクリート造や鉄骨造の建物にはふさわしくないとの説もある.

大地主神	土地を守護する神のことを言う. 「古語拾遺」に大地主神にまつわる逸話が記されている. 「古語拾遺」は,807年(大同2年)斎部広成の撰となる.斎部氏の伝承を記して朝廷に献じた書のこと.
産土大神	土地の氏神様で,鎮守神と考えられている. 元来,生まれた土地の守護神のことを産土神と言う.
手置帆負命 彦狭知命	ともに工匠の守護神である. 天照大神が,天の岩屋に隠れてしまわれた時にこの二神が,天御量を以って渓谷の木を伐り,瑞殿という御殿を造営したと伝えられている. なお,天児屋命らが祈りを捧げ,天鈿女命が舞を奏したところ,天照大神は岩屋を出て,先の瑞殿に入られた. 手置帆負命は,雨から身を守る笠をつくる神,彦狭知命は,盾をつくる神のこと.
屋船久久能知命	家屋の守護神.家屋を護り幸いをもたらす神. 木霊,すなわち家屋の木材の神である. 家屋は木をもって造り,葺草をもって覆うことから,木霊(木の神)は,稲霊(稲の神)と並べ仰ぎ,屋船の神として祀るのである.大工,建具職,船大工,御輿大工などの木工関係の守護神でもある.
屋船豊受姫命	家屋の守護神である. 上記,屋船久久能知命は木霊(木の神)であるが,屋船豊受姫命は,家屋の屋根を葺く稲藁の神,稲霊(稲の神)である.

▶4◀ 祭式の日取り

暦

◉1 概要

古来より人々は暦を見て初めて，当日の日柄(ひがら)を知り，その日やこれから先の農作業や婚礼などの生活設計を立てていた．

　暦には六曜(ろくよう)，十二直(じゅうにちょく)，二十八宿(にじゅうはっしゅく)などの暦注が記載されており，もともと，人々の日々の生活や農業・漁業などにおける一つの行動基準であったと言ってよい．たとえば，八十八夜(はちじゅうはちや)を見ては，農家の人たちは春霜も終わるから種まきを行い，二百十日(にひゃくとおか)を見ては，台風に備えていたのである．

◉2 人々の行動基準としての暦

明治5年の明治改暦前のまだ太陰太陽暦（旧暦・陰暦）が用いられていた時代には，六曜をはじめ暦注書(れきちゅうしょ)に記載されている事項は，人々の生活に深く浸透していた．

　明治6年に太陽暦が実施されたが，それでも六曜は旧暦に根差しているにもかかわらず，一層の浸透を見せている．

　建築祭式にかかわらず，祭式の日は大安(だいあん)，先勝(せんしょう)，友引(ともびき)などの日を選ぶのが一般的である．ただし，建築主の宗教・思想・信念・職種に左右される場合があるので注意が必要である．建築祭式の開式時間は，祭式実行責任者が，昼の食事の用意，費用負担，段取りなど建築主と打合せの上で決定する．一般的には午前中となる．

暦とは

1年の月・日・曜日，祝祭日，季節，日出・日没，月の満ち欠け，日食・月食，または主要な行事などを日を追って記載したもの．

八十八夜

立春（太陽暦の2月4日頃）から数えて88日目の日．
5月1,2日頃．農家で種まきなどの適期とされる．

二百十日

立春から数えて210日目の日．
9月1日頃．この日によく台風が来ると言われた．

祭式の日取りの決め方

昔からの長い習わしで，今日でもいわゆる「暦の日柄の良い日」が選ばれている．とかくよい日には，いろいろ他の行事と重なるおそれがあるので，日取りは余裕をもって早目に決めておく．

● 3　六曜とは

先勝（せんしょう），友引（ともびき），先負（せんまけ），仏滅（ぶつめつ），大安（たいあん），赤口（しゃっこう），この六種を六曜と言う．六輝（ろっき）とも言う．暦注のひとつである．

暦注
暦に記載される日時，方角の吉凶，禍福，禁忌などについての事項などを言う．

　現在では暦の日柄と言えば，この六曜が主役である．一般にカレンダーの日付の下に小さく六曜が記されており，結婚式（大安がよい）はもちろんのこと，葬式（友引を避ける）の日取りの決定などに活用されている．

　六曜の繰り方は旧暦の1月1日を先勝とし，一定のルールで行われる．

```
1月1日を先勝          7月1日を先勝
2月1日を友引          8月1日を友引
3月1日を先負          9月1日を先負
4月1日を仏滅         10月1日を仏滅
5月1日を大安         11月1日を大安
6月1日を赤口         12月1日を赤口
          → 第2順目
```

　以上を起点にして先勝〜赤口の順を守り，2日以降月末まで続ける．

　旧暦の1月2日は友引・3日は先負・4日は仏滅・5日は大安・6日は赤口・7日は先勝，このサイクルを月末まで続ける．旧暦の2月1日は友引，2日は先負・3日は仏滅・4日は大安・5日は赤口・6日は先勝・7日は友引，このサイクルを月末まで続ける．12月末日までこのルールで六曜が定まる．

六曜		記号	吉凶
先勝	せんしょう・せんかち・さきかち・せんがち	◐	諸事急ぐことおよび訴訟事吉．午後凶．
友引	ともびき・ゆういん	⊖	朝夕は祝事に吉．正午のみ凶．
先負	せんぷ・せんまけ・さきまけ・せんぶ	◑	諸事静かにする方がよい．午後吉．
仏滅	ぶつめつ	●	移転，開店など何事にも凶．口舌を慎むべし．
大安	だいあん・たいあん	○	移転，旅行，婚姻，普請などすべてに吉．
赤口	しゃっく・しゃっこう・じゃっく・じゃっこう・せきぐち	◐	何事にも朝夕は凶．正午頃のみ吉．

● 六曜の吉凶　記号の右が午前左が午後を示す

◆ 暦の吉凶について

　建築の世界では，新しい技術を取り入れる反面，古いしきたりの祭式を守り通す習慣がある．

　その祭式を執り行う日の吉凶は，六曜を基本にしている．六曜は，六輝・孔明六曜とも言い，14世紀頃中国から日本に伝わり，その後名称・順序が変化しながら，今日のものに定着した．

　六曜は，一種の禁忌である．

　建築の祭式は，前述の通り大安・先勝・友引の日を選ぶことが多い．特に大安は，他のいろいろな祝い事の行事と重なるから，参列依頼者など余裕をもって早目に決めたい．大安吉日は，とにかく佳日である．祭式の開始時間は，午前10時〜11時が標準で，1時間までで終るようにするとよい．

　祭式は短い時間の中で，参列者一同の心を込めて行うのがよい．祭式の責任者は，所定時間内に，すべてが完了するよう計画したい．

　なかには，急に参加する人もいるだろうし，出席者の急変もあるだろうから，5〜10分の余裕を持った時間割の作成が必要である．そのためには，司会者は周到な準備が必要である．

　六曜に似た禁忌に，表鬼門・裏鬼門がある．

　鬼門は，中国の陰陽五行（木，火，土，金，水の五つの元気）説に基づくもので，北東の方向には「鬼が出入りする不吉な門がある」という伝説から起こった．

　日本にもこの説が伝わり，平安京の鬼門にあたる比叡山には延暦寺が建てられたし，その御所の塀の北東角は，L形に隅を欠いて建てられている．

　また，江戸城の鬼門にあたる上野山には寛永寺が建てられた．今日でも，この方向には門戸を設けたり，土蔵を建

孔明六曜

六曜は中国三国志でなじみの名将諸葛孔明の作という説がある．孔明がこの六曜を用いて軍略を立てたところ，ことごとく成功したと言う．ただし，三国時代（紀元前220〜80）から六曜があったかどうかは疑わしい．孔明発案説は，後世のこじつけというのが定説である．

てることを避けている．

　裏鬼門は，南西の方向を言い，鬼門ほどではないが，この方角も忌まわしいと考えられてきた．裏鬼門方向に便所を設けることを避けた．昔は汲み取り便所だったから，夏の臭気とうじ虫の発生には困っていた．これは，禁忌と実用上の機能が一致した例である．

●京都御所の鬼門（北東角の隅切り）

京都御所は，東西250m・南北450mの長方形の敷地で，その周辺を築地塀が取りまく．御所の北東角にある猿ヶ辻は，鬼門に当たる．鬼門を恐れて隅をL形に欠き，東側の屋根裏には立烏帽子をかぶり御幣をかついだ猿の木彫りを飾った．猿は鬼門での災いを「去る」という意で，猿が夜歩きしないようにと念を入れて金網をかぶせた．これが猿ヶ辻の由来となっている．

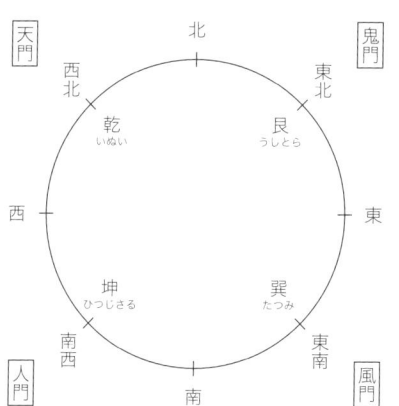

●方位

陰陽（いんよう）

天地間の万物を創り出す陰と陽の二気を言う．陰陽説とは陰陽二気が万物の事象の根本をなすとする世界観を言う．

五行

五つに巡るものの意味である．
木：春の象徴
火：真夏の象徴
土：四季に遍在し，四季の土用に当たる．
金：秋の象徴
水：冬の象徴

土用

立夏，立秋，立冬，立春の前の18日間の称（狭義では，夏の土用を指す）．

鬼門

鬼門は，中国の古い「山海経」にある物語がもとになっている．中国では，地相・家相の面で鬼門を忌むべき対象とはしていない．鬼門を忌み嫌う風習は，日本独自のものと考えられている．

▶5◀ 祭式の計画

協業

協業
一連の祭式計画を複数の関係者が，協同的・組織的に働くこと．

●1 概要

建物が完成するまでには，建築主，設計者，施工者が一心同体となり，様々な困難を乗り越えなければならない．建築祭式は関係者の協業の象徴である．

祭式は一つの厳粛な儀式であり，建築主に対して施工会社の姿勢を印象づける場でもある．特に地鎮祭は，施工会社のチームワークの度合いが試される最初の場である．

●2 計画スケジュール

祭式計画は，関係者の協業で進められる．
次に概要を示し，順次説明を加える．

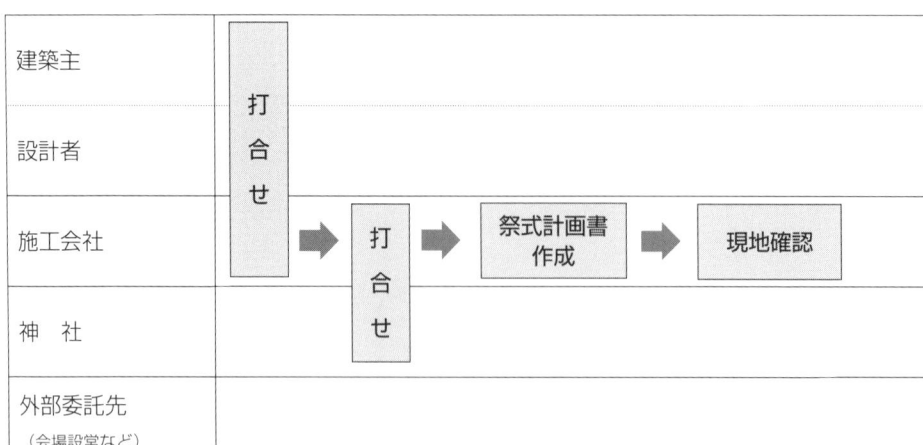

●計画フローの例

● 3　各祭式の主催者

祭式の計画時に主催者を決めておく．

　各祭式の主催者としては，次の3通りがある．
　①建築主
　②建築主・施工会社連名
　③施工会社

　これを決めておかないと予算規模，招待者，招待状，パンフレットなどの資料の内容などに影響を及ぼす．

　ただし，いかなる場合も施工会社が運営の中心となり，関係者の調整を図り，祭式を遂行しなければならない．施工会社の祭式責任者は作業所長である．

　しかし，建築主は施工会社にすべてを任せきるというものではなく，祭式には費用がかかるから，建築主は施工者と前もって十分な打合せを行う．

　祭式計画の実務については，第6章「実務マニュアル」を参照のこと．

主催者の一般例

原則として，地鎮祭，上棟式，竣工式とも主催者は建築主である．ただし，地鎮祭については，公共工事では起工式となり，施工者が主催する．また，費用については，工事の見積もりに含まれる場合を除き，地鎮祭は施工会社，上棟式・竣工式は建築主が負担するのが一般的である．

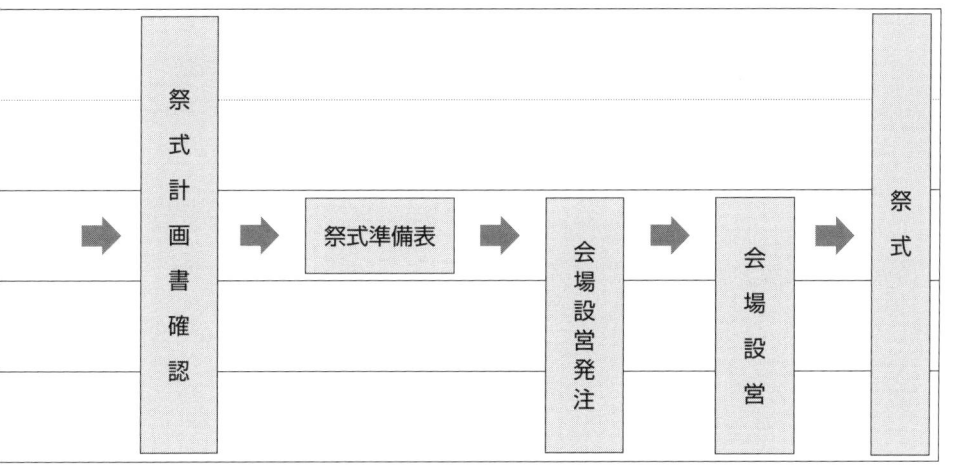

● 4　建築主・設計者と施工会社との打合せ

祭式計画に当たり，建築主・設計者と施工会社との打合せにおいて確認された内容は，施工会社にて「祭式計画書」に反映される．

　祭式の企画・運営は，本来建築主側で担当するのだが，不慣れのため施工会社に委託することが多い．施工会社は細かな点に気を使わないとせっかくの儀式が順調に運ばず，参列者の気持ちを害することもあるので，十分に留意し，手落ちのないように準備しておかなければならない．

　会場の準備を始め，式次第の司会，直会，披露パーティーなどの世話，記念品など，工事の大小，参列者の顔ぶれ，建築主の考え方などに応じて適切な方法を取らなければならない．

チェックリスト

第6章「実務マニュアル」4−2に建築主・設計者と施工会社の打合せ用チェックリストの例を示している．参照のこと．

祭式計画書

第6章「実務マニュアル」の2に一般のフォーマット例を，同章3に祭式責任者手元資料のフォーマット例を掲載しているので参照されたい．

全体企画	工事名称は，正式名称として正しいか．
	日程・時間・神社名は，決定しているか．
	規模・設備などは予算内に納まっているか．
神事計画	現地レイアウトの内容・参列者の座席配置は決定しているか．
	祭式の式次第・神事内容は決定しているか．
	直会・披露パーティーの内容は明らかになっているか．
参列者	名簿（所役共）記載氏名，会社名，役職名は正しいか．
	案内状作成・発送について必要な参列者は決定しているか．
	出席者人数は，漏れなく確認できているか．
	来賓の中で祝辞を依頼する方を決定しているか．
	受付・案内方法は明らかになっているか．
記念品	記念品は決定しているか．欠席者への発送はどうするか．
庶務	来賓，建築主のリボン・名札の内容は決定しているか．
その他	奉献酒銘柄は建築主の指定があるか．
	当日の服装は明らかになっているか．
	費用の負担は明らかになっているか．

●祭式計画の確認事項

祭式の日取りを決めるに当たり，暦を調べて出席者への案内の余裕をみるなど，かなりの日数が必要となる．また工事工程にも影響する場合が多いので，注意が必要である．参列者の人数は，祭場設備・祭式予算すべてに関係があり，速やかに確認し，建築主，来賓，設計者，施工会社の内訳に分けて参列者名簿を作成する．

式の中で，司会が参列者の名前を呼び間違えてはいけないので，参列者名簿にはフリガナが必要である．玉串奉奠者の順序・席配置を建築主と確認する．

神社については，建築主や建築地の氏神を確認した上で，そこの神社に依頼するのか，あるいは特に崇敬されている神社に頼むのか建築主に確認する．地元神社の氏子区域については，事前に調査しておく必要がある．

直会の祝宴については，まず有無を建築主に確認し，実施する場合は席順を決める．次に挨拶，祝辞などの有無を確認の上，式次第を決める．竣工式の後の直会では，建築主から感謝状（記念品・金一封）が授与されることがあるので，その場合は式次第に盛込む．

案内状は，まず必要の有無を確認し，必要な場合には主催者を決める．案内状は主催者が出すべきものであるが，公共工事では，建築主が主催者であっても，施工会社が出す場合が多い．案内状発行者の決定については事前の確認が必要となる．会場設営では模型や図面を展示する場合もあるので，関係者と十分な打合せが必要である．

● 参列者の席順の原則　所役は祭壇の前へ出やすい席に座るように配慮する

所役とは

建築祭式の中で，神職以外の参列者が，執り行う行事があり，その時に司会者より氏名を呼び上げられ，執行する役の人を所役と言う．建築主，設計者，施工者それぞれの代表などがこれにあたる．

祭場

神事会場全体を祭場と呼ぶ．本書ではその説に従っている．
注連縄は，古くは祭壇まわりを囲んでいたが，最近では祭場全体を囲む例がある．

記念品

従来の例では，ある程度の人数になれば，建築主からの土産物として，紅白まんじゅうを用意する場合がある．施工者から建築主へ記念品を贈呈することもある．その場合は，記念品そのものではなく，記念品の目録を贈呈するのが一般的である．

● 5　神社・神職と施工会社との打合せ

祭式の日時が決まると，建築主が指示する神社の神職にその祭式を依頼し，概要および準備についての打合せに入る．

　祭式計画（当日共）に当たり，神社・神職と施工会社との打合せにおいて，確認された内容は，「祭式計画書」に反映される．

　神社持参物の中で地鎮祭の鎮物は神社の秘伝とされている．神社によっては，その神社の御札をもって鎮物に代えることもある（詳細は，付記「祭式用語」参照のこと）．

　その他の神社持参物は，祝詞(のりと)，玉串，神籬(ひもろぎ)，切麻(きりぬさ)，大麻(おおぬさ)，紙垂(しで)，真榊用の榊2本，案，三方などがある．

チェックリスト

第6章「実務マニュアル」の4―2に神社・神職と施工会社（祭式責任者）との打合せ用チェックリストの例を示している．参照のこと．

氏子区域

神社ごとに氏子区域があり本来どの地域にも氏神が祀られている．神職はその土地の有力者である事が多い．

木造建築の儀式

宮中をはじめ，伊勢神宮，白川家，吉田家および橘家(きっけ)などによって，いろいろとその伝承を異にし，またそれから出た工匠家によっても伝えを異にすることがある．式次第や方式などはまちまちであった．最近では，建築の儀式も一定の形のもとに整えられてはきているが，正式と略式が混在しているのが実情である．

全体企画	日程・時間は関係先に伝達できているか． 工事概要で祝詞(のりと)に記載する内容は伝達できているか．
神事計画	式次第・神事内容は関係先に伝達できているか．
	祭壇の規模・設営方法は関係先と決定できているか．
	司会要領・行事所役は関係先に伝達できているか．
	神職の人数は決定しているか．
	神社持参物は決定しているか． （地鎮祭の場合，鎮物埋納の有無は決定しているか）
	胡床(こしょう)（神職の椅子）の位置は，祭場配置図上で決まっているか．
	玉串の本数は決定しているか．
その他	神酒拝戴時，場所（祭場または直会会場）・手順・人員は決定しているか．
	神職へ神酒拝戴時の発声の依頼はできているか．
	神職の直会出席の有無は確認できているか．
	神職の送迎時間は決定しているか．
	神職の会場での着替え方法は神職に確認できているか．

●祭式計画の確認事項

また，お供え物である神饌は，神社に準備を依頼するのが一般的である．品目は，洗米，お神酒，水，塩，鏡餅のほか，野菜類，乾物類（こんぶ，寒天，するめなど），尾頭付魚（タイが最も良い）など，その他菓子や果物などを供えることがある．

ただし案や三方など，設営関係の外部委託先で用意できるものがある．詳細は打合せの上決定する．胡床（神職の椅子）なども外部委託先より持参するのが一般的である．祝詞で奏上される工事概要，固有名詞などについては読み間違えのないようフリガナが必要である．

お礼（初穂料）金額については，神社の格式や宮司や禰宜などの職階によって相場があるので，必ず事前に神社に確認しておく．神社によっては金額を言われない場合もあるので，設営関連の外部委託先に相場を確認しておくのも一つの方法である．伶人（神前で雅楽を奏する人）が参加する場合は，伶人へのお礼も必要である．神社・神職は縦横に相互扶助的な連携があり，祭式の日取りに対して，依頼を受けた神社が不都合な場合は，臨機応変に対処ができる場合もある．

神職の装束

神職の装束には正装と礼装と常装がある．正装は衣冠と言う．礼装は斎服と言い，上下とも白無地である．常装には狩衣と浄衣（白）がある．地鎮祭など建築の祭式では，白一色より華やかな装いが好まれ，色や織柄の入った狩衣が用いられることが多い．

祝詞

斎主（神職）が，神に奏上する文のこと．これを読み上げる祝詞奏上は，儀式中最も厳粛で最重要なものである．

斎主と祭員

斎主とは，神事を行う主たる神職のこと．祭員は，神職が2人以上の場合の斎主の補佐役である．

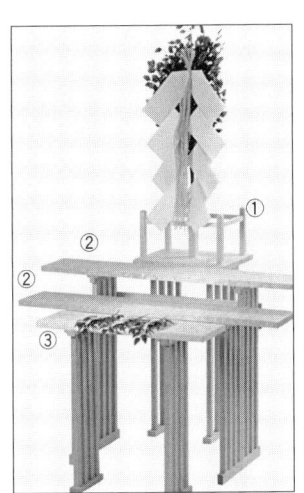

●案の事例
祭具類をのせる台で，八足とも言うが，祭壇に設置されるものは次の3種類である．
①神籬案
②神饌案
③玉串案

● 6　祭場の準備

施工会社の祭式責任者は，「建築主・設計者」「神社・神職」との打合せによってまとめた「祭式計画書」に基づき，祭式会場の準備を行う．

　祭式会場の配置は，各祭式とも同じで，下図の事例のようなスタイルが取られる．

　ただし，地鎮祭にのみ，盛砂が設けられる．浅葱幕（鯨幕）の張り方など，地方によりこの図と異なる場合がある（第2章「地鎮祭」3—2, 3—3参照）．

祭場の場所

各儀式とも可能な限り建築地，新築される建物内の中央が良い．また，地鎮行事，立柱行事，上棟行事，定礎行事などについては敷地内で行わなければならない．落成式，落成（竣工）披露については，規模などの関係で，新築建物内に設営できない場合があり，他の場所で挙行することもある．

＊(注1) 祭壇：南向きまたは東向きが原則で，建築地，新築される建物内の中央がよい．西向きと北向きは避けねばならない．

＊(注2) 参列者の席順：神前に向かって右側から神前に近い列が上座（建築主および来賓）となり，中央正中に近い方が上位となる．

＊(注3) 司会者の位置：司会者は絶えず神職の行動を見て司会を進めるので，おおむね図の位置がよい．

＊(注4) 手水役：手水桶の位置は，祭場入口の左側が一般的でよいとされている．手水役は2人が一般的で施工会社職員が行うことが多い．

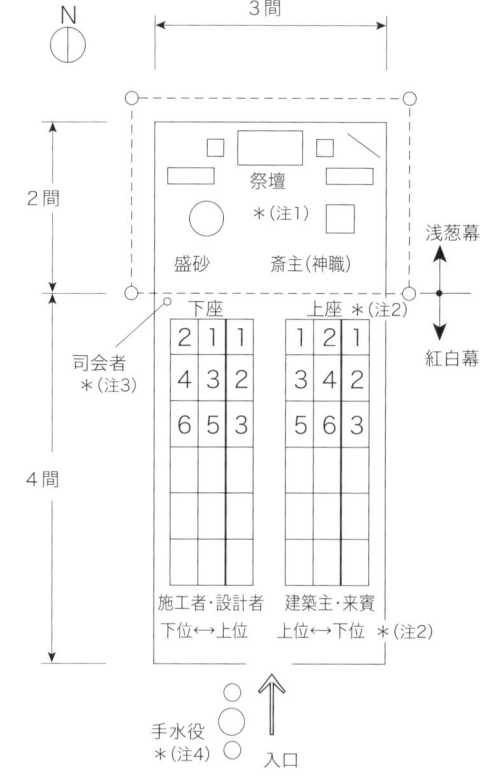

● 祭場の例

祭場の床（土間）	床（または床の仕上げ）の状況と式時点での祭場の広さ（平面寸法）は確認できているか．
参列者の順路	アプローチ・駐車場等は決定しているか．
天候への配慮	強風雨天時対策・冷暖房設備の有無の確認はできているか．悪天候対策として雨傘の準備などの漏れがないよう留意する．
会場全体配置図	控室，祭場，直会会場，駐車場，便所は盛り込まれているか．
神事，直会配置図	外部委託先に作成を依頼しているか．
電気・水	会場での有無は確認できているか．
掲示物	新築工事の模型・図面などの手配はできているか．

◉会場設営前の主たる確認事項

係　名	実施事項
総　括	全体管理と指導，会場全般の確認，参列者の案内と確認（祭場祭壇設営・席札・奉献酒・用具・用品）．
司会進行	神事・直会の司会進行．
出迎案内	受付場所までの案内（連絡・報道関係者対応）．
受付（兼クローク・救護）	案内状の受取り，記帳受付，来賓用リボン渡し，手荷物の預りと合札渡し，控室への案内，出欠状況の確認と報告．救護連絡先確認．
控　室	控室への案内（湯茶接待・運転手係）．
駐車場	駐車の誘導と駐車場の整理．
手　水	参列者入場時の手水（参列者多数のケースでは手水は数カ所必要な場合あり）．
祭場内案内	手水を済ませた参列者を定められた席に案内．
神職送迎	神職をお迎えし，神職控室まで案内，清祓の先導も実施．神事終了後初穂料納め．
手袋準備	行事を行うに際し，所役に渡し，行事終わり次第回収（上棟の儀など）．
神酒	神職に祭壇から神酒をお下げ願い，かわらけを参列者に渡し，神酒を注ぐ．手水役が兼務．
直会会場案内	神事終了後，神職，来賓，建築主，設計者，施工者を会場に案内する．祭場内案内役が兼務．
引出物渡し	直会会場出口において，引出物を渡す．途中退場する参列者もあるので要注意．
車呼出し	参列者の車を（トランシーバーなどで）駐車場係に連絡．
撮　影	祭式の記録，写真・ビデオの撮影．

◉祭式当日の役割分担

当日の最終確認

施工会社の祭式責任者はマニュアルに沿って漏れのないようチェックする．

・会場設営の状態
・参列者変更の有無，欠席の有無
・役割担当者の配置位置
・席札（役職・氏名・席順・席の後ろに貼る）
・奉献酒
・神酒
・神饌としてお供えする水

祭式当日の役割計画書事例

第6章「実務マニュアル」3―3に掲載しているので参照のこと．

神事終了後の対応

建築主に神饌，奉献酒を届ける．建築主が持参した奉献酒は施工者側で受領することが多い．地方によっては，神饌を神職に持ち帰ってもらうこともある．

奉献酒の例

その包装と記載文字の例を下図に示す．

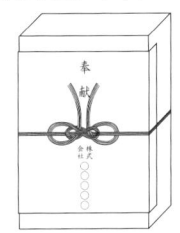

▶6◀ 祭式の流れ

進行

神事

神事とは神を祀ることである．

神事と行事の相違点

祭場内外で，神職が主宰して執り行う儀式はすべて神事である．行事とは，神事の中で参列者の中の所役が行う儀式である．

● 1 概要

祭式の流れについてくだけた言い方をすれば，神を迎えて酒肴でもてなし，そこでお願いや行事を行い，お見送りをする．われわれ，どこの家でも客を招いた時と同じである．

　こうした神を祀るしきたりから，日本のもてなし文化が生まれたとも言える．

開式				
てみず	しゅばつ	こうしん	けんせん	のりとそうじょう
手 水	修 祓	降神の儀	献 饌	祝詞奏上
		——奏楽——		
祭場へ入場前に手を洗い身を清める	お祓いにより諸々の穢れを祓う	祭場に神々をお迎えする儀式である	神饌を神々にお供えする儀式である	祝詞を奏上し祈願する

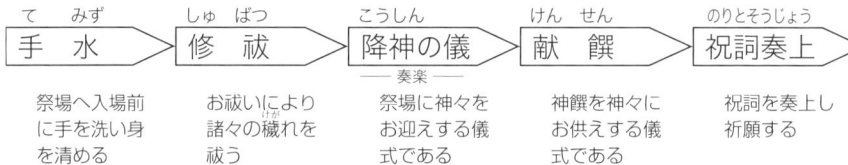

● 地鎮祭

● 上棟式

● 竣工式

● 2 祭式の進行

一つの祭式は数多くの儀式の集合体になっている.

あらかじめ定められた式次第により執り行われるが，同じ祭式でも神道や仏教その他によってそれぞれ異なる．また，神道でも神職により多少の相違があるので，十分な事前打合せが必要である．

各祭式とも全く同じ形態を取るが，唯一「行事」についてのみ，各祭式ごとに異なった形態で執り行われるのが，建築祭式の特徴と言える．すなわち，「地鎮祭」では「地鎮の儀」が，「上棟式」では「上棟の儀」が，「竣工式」では「清祓の儀」のみが個別の形態で執り行われる．

祭式の進行

本来建築主側で行うものであるが，施工者へ委託する場合が多い．まず，司会進行役を明確に決めておく．
司会者は，元来典儀という神職所役の一部でもあり，原則として第三者の立場であるが，建築主が主催者の場合，建築主の敬称を略すこともあるので事前打合せが必要である．

きよはらい 清祓の儀 → 行事	たまぐしほうてん 玉串奉奠	てっせん 撤　饌	しょうしん　　閉式 昇神の儀 ── 奏楽 ──
敷地建物全体のお祓いをする／地鎮の儀　上棟の儀　清祓の儀など	玉串を神に奉り拝礼する儀式である	神饌を神々の前からお下げする	お迎えした神々をお帰しする儀式であ

地鎮祭
第2章参照

上棟式
第3章参照

竣工式
第4章参照

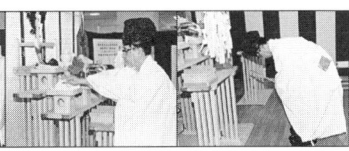

▶ 7 ◀ 儀式

みそぎ

● 1 手水

手水の行事は，本来白衣を身にまとって海や川に入ったり，井戸水をかぶったりして，身の穢(けが)れを洗い清める禊(みそぎ)の行事を象徴したものである．

●式の流れ

　これは祭場へ入る前に行う．手を洗い身を清め，口を洗い心を清めるのである．ただし，参列者は手のみを洗い，簡略に行われることがある．祭場の入口に手水役が二人立ち，その一人は木製の桶に入れた水を柄杓に汲んで，これを三度にわけて参列者の一人一人の両手に注ぎ清める．他の一人が拭紙を渡して水に濡れた手を拭いていただく．

　手水の順序は，建築主，来賓，設計者，施工者，その他参列者，神職（斎主・祭員）となる．この順序でそれぞれの席へ着席する．

●手水用具

神社へのお参り

参拝をする人は境内に入ったら手を洗い，口をすすぐ．これが手水である．

手水用具

手水桶：祭場へ入る前に手や口を清める水を入れる桶．

受桶（手水受）：手水の時，手をすすいだ水を受ける容器．手水の時に水がはねないように杉または檜の葉などを敷いておく．砂や小石を敷く場合もある．

紙受け（塵箱）：使用済みの手拭紙を入れる桶．

柄杓：手水の時，水を汲む檜の素木製の杓．

手拭紙(てふきがみ)：手水の後，手を拭う白半紙．

第1章　祭式の基礎知識

1

手水役より柄杓にて両手に水をかけてもらう．

2

他の手水役より手拭紙を受取り，水に濡れた手を拭く．

3

使用済みの手拭紙を紙受けに入れ，祭場に入場する．

●手水の作法

● 2　修祓(しゅばつ)

神事は，開式の後この修祓(しゅばつ)から始まる．これから祭壇に神々を迎えるに当り，神職が祓詞(はらえことば)を奏上し，祓い清める儀式である．

● 式の流れ

　一般的には，神職が一人だけの一人奉仕が多い．まず，神職が神前に二拝し，祓詞を申し上げる．その後，大麻(おおぬさ)で神籬(ひもろぎ)，神饌(しんせん)，玉串(たまぐし)その他諸用具を祓い，次に参列者を祓う．建築主，来賓，設計者，施工者等の参列者は，一同起立してお祓いを受け穢(けが)れを祓って神々を迎える準備をする．

修祓と清祓の儀

修祓では祓を司る祓戸(はらえどの)神に祈願して，祭場廻りを清めて神々を迎え入れる．

清祓の儀では，祭壇に迎えた多くの神々が見守られる中，改めてお祓いをすることになる．

修祓の用具

大麻(おおぬさ)が使われる．榊の枝に麻苧(あさお)，紙垂(しで)をつけたものと，祓串に麻と紙垂をつけたものの2つのタイプがある．

● 大麻（榊）

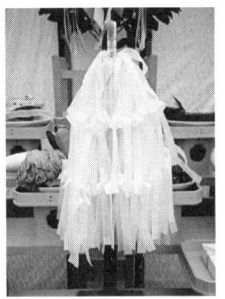
● 大麻（祓串）

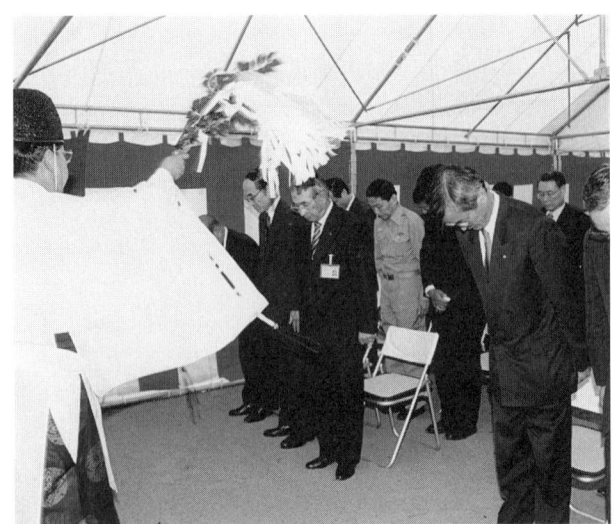
● 修祓

7 儀式

● 3　降神の儀

祓い清められた祭場へ神々をお迎えする儀式である．

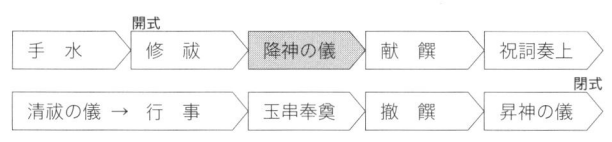

```
         ┌─開式─────────────────────┐
手水 → 修祓 → 降神の儀 → 献饌 → 祝詞奏上
                                    ┌─閉式─┐
清祓の儀 → 行事 → 玉串奉奠 → 撤饌 → 昇神の儀
```
● 式の流れ

　まず，斎主は神籬の前に進んで二拝し，降神詞（神を迎える祈願）を申し上げる．この時に参列者一同は起立して，頭を下げて神々をお迎えする．ここで神職は，一声または三声「オー」という発声（これを警蹕という）をし，正面の神籬に神を迎える．警蹕の発声は，かしこまれ，しずまれ，という意味でもある．蹕は，さきばらいの意味がある．いわば大名行列の「したあにィ，下に．」の掛声と同質の意味を持っている．

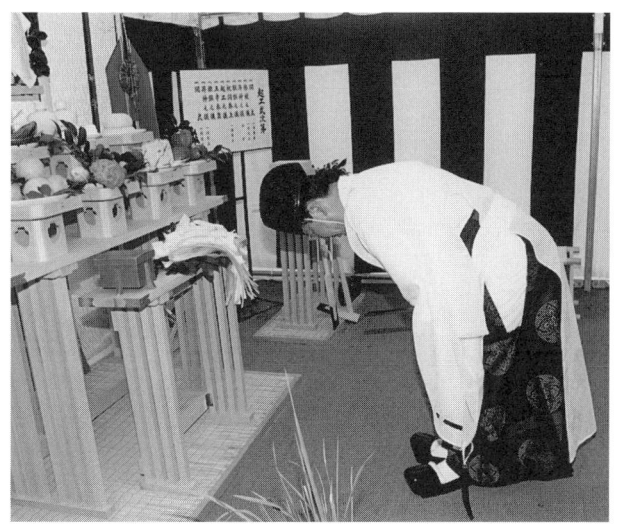

警蹕

一度「オー」と言うのを「一声」，三度「オー」と発声するのを「三声」と言う．降神の儀では「一声」の場合が多い．

神籬

祭神を迎え奉るため，神の宿るところの神聖な木．祭壇の中央奥に配置される．一般的には，榊の木に麻や紙垂がつけてある．神籬を祭らない場合はお社が用いられる．

● 神籬

● 降神の儀

● お社

第1章　祭式の基礎知識

● 4 献饌(けんせん)

神饌を神々に供える儀式である.

開式
手水 → 修祓 → 降神の儀 → **献饌** → 祝詞奏上
清祓の儀 → 行事 → 玉串奉奠 → 撤饌 → 昇神の儀
閉式

●式の流れ

　降神(こうしん)の儀で迎えた神々に,お願いごとをするに当たり,米,酒,塩を始め,山海の珍味のご馳走でもてなす意味がある.

　正式には,斎主が,神饌を盛った三方を仮案から捧持して,神饌案上にお供えするのであるが,現在では時間その他を考慮して略式となり,開式前に神饌案上に供えておき,式中では斎主が瓶子(へいし)のふたおよび水玉のふたを取る儀式となっている.参列者は着席のままでよい.

●献饌

神饌を供える

神饌はすでに開式前に祭壇正面の神饌案に整えられていることが多い.儀式としては,神饌案の瓶子(へいし)と水玉のふたを外し,神々に召し上がっていただくのである.

祭壇に供える酒を入れる土器が瓶子で,水を入れる土器が水玉である.三方の中央に米,手前右側に塩が供えてある.

献饌の順序

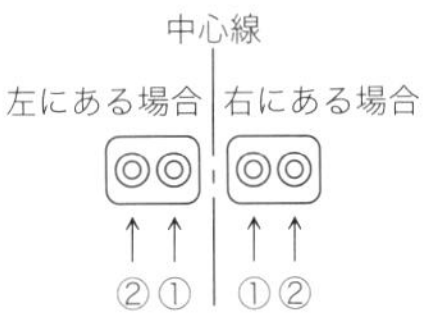

```
        中心線
左にある場合│右にある場合
   ◎◎    │   ◎◎
   ↑↑    │   ↑↑
   ②①    │   ①②
  瓶子のふたを取る順
```

中央にある場合は,右を①とし左を②とする.

神饌の供え方は，一切を神職に任せた方がよい．特に魚，野菜などの場合は，神前に向かって右側と左側では供え方が違うし，三方への盛り方は三方の台数によっても異なる．

三方は3台より5，7，9，11台とあるが，7の例が最も多い．

次に三方7台の例の図と写真を示す．

また右欄には，その他の参考例を示す．

鮮魚は，その鮮度を保つため，開式間際までクーラーに入れておくことがある．

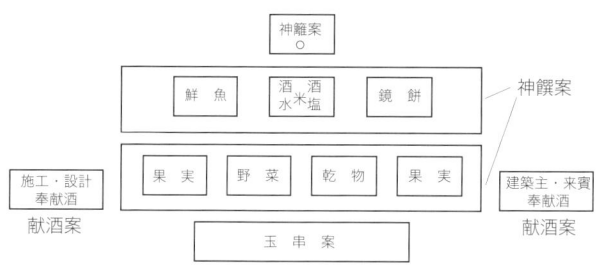

●祭壇の例1　三方7台の例

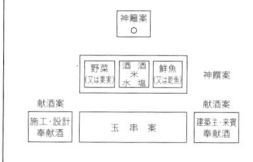

●例2　三方3台の例

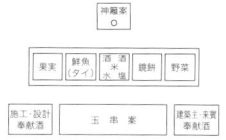

●例3　三方5台の例

(注) 鮮魚を供える時は，神籬に向かって右側の場合は頭を左向けにする．左側に置く場合は，頭を右向けにする．いずれの場合も背を手前にする．

●例4　三方5台の例

(注) 野菜の中にはネギなど臭いのするものを入れない．

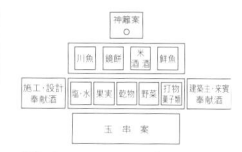

●例5　三方9台の例

(注) 川魚はコイまたはフナ．野菜は大根，にんじん，かぶら，ごぼう，さといも，さつまいも，菜の類などであるが，この場合，色の配合や大小の組合せを考えて並べる．

● 5　祝詞奏上(のりとそうじょう)

神前で，斎主が工事の安全や建物の安泰を祈願する儀式である（竣工時は，特に神々に対しこれまでの加護に感謝の詞(ことば)を読み上げることとなる）．

```
　　　　　　　　　　開式
手　水 → 修　祓 → 降神の儀 → 献　饌 → 祝詞奏上
　　　　　　　　　　　　　　　　　　　　　　閉式
清祓の儀 → 行　事 → 玉串奉奠 → 撤　饌 → 昇神の儀
```

● 式の流れ

まず斎主は神前に進み，二拝して祝詞を奏上する．司会者は，斎主が祝詞をひろげる頃，一同の起立を告げる．

> 此(いつ)の処を巌(ゆには)の斎場と祓(はら)ひ清め斎竹(いみたけ)指立て注連(しめ)引渡し神籬(ひもろぎ)据立て招奉(まね)り座奉る掛巻(かけまく)も畏(かしこ)き産土大神(うぶすなのおほかみ)・大地主大神(おほとこぬしのおほかみ)等(たち)の大前に恐(かしこ)み恐(かしこ)みも白(まを)さく
>
> （施主氏名）はしも此度（新築住所）を美(う)し所の良き所と選び定めて（施工者）に請負(うけ)はしめ新しく（建造物名）を建(たて)設(ま)くる事となりぬ
>
> 故是(かれこ)を以ちて八十日日(やそかひ)は有れども今日の生日(いくひ)の足日(たるひ)に大前に御食(みけ)御酒(みき)種種(くさぐさ)の味物(ためつもの)を捧奉(ささげ)り地鎮祭仕奉(とこしづめのみまつりつかへ)る状(さま)を平らけく安らけく聞食(きこしめ)して……

● 祝詞の事例文　原文は送り仮名も含めて漢字である．

祝詞事例文の解説

① 第1段落
　祭場に招いた神の名を挙げ，以下のことを謹んで申し上げると，第2段落へ導く．

② 第2段落
　建築主の住所・氏名を始め，建物の名称や施工業者名，また工事に至る経緯などを神に明らかにする．

③ 第3段落
　神饌を供えて祭式を行う旨を述べ，祈願をお聞き届けになって，関係者一同災い無く，いつまでも栄えるようにお守りくださいと祈願する．

祝詞事例文用語の解説

- 掛巻も畏き
  ことばにして言うことも恐れ多い
- 八十日日は有れども
  たくさん日があるが
- 生日の足日に
  生き生きと栄え，すべてのものごとの豊かに満ち足りる日に（神事の行われる日を祝って言う言葉である．六曜にかかわらず，「日日これ好日」ということである．）
- 味物
  おいしい食べ物

● 祝詞奏上

◆ 祝詞(のりと)について

　祝詞は，祝の字が示すように，神を祀る時，神に対して幸を祈る言葉である．「のりごと」ともいい，平安時代に作られた祝詞が今に伝わっている．

　通常は，斎主が神事ごとに作文し，奉書に浄書して奏上する．神を対象としているので，古文を尊んでおり難解であるが，同じ日本語であるから，よく聞けばおのずとわかるものである．参列者になりかわって願い事をしてもらっているわけだから，自然と頭が下がるであろう．斎主と一緒になってひたすら工事の安全を祈願するとよい．建築の祭式で奏上する祝詞は，人が神に願う言葉を丁重に申し上げているのである．聖書は神や聖人の言動を記しているから，神父や牧師は神を背にして，人に向かって言うが，祝詞は斎主が人々を代表して神に申し上げる言葉である．

　祝詞文は，宣命体と言って，漢字の音訓を借り，日本語の語法のままで記している．そして，宣命書きと称し，助詞や助動詞も万葉仮名(漢字)で小書きする．旧仮名づかい・句読点なし・語句丁重で，対語・重言(じゅうげん)を用い，朗唱の美化を目的とした文語文である．

祝詞と斎主

祝詞は，斎主が（自身で）作成し，奉書に浄書するものであり，関係者が十分に打合せをし，真剣な祈願の気持ちと神事に臨む気構えを示せば，おのずと斎主の教養が反映された祝詞になろう．

重言(じゅうげん)

じゅうごんとも言う．
① 同意の語を重ねた言い方．「豌豆豆(えんどうまめ)」「電車に乗車する」の類．
② 同字を重ねた熟語．「悠悠」「滔滔」など．

掛介麻久母畏伎○○神社乃大前爾恐美恐美母白佐久………
掛(か)けまくも畏(かしこ)き○○の神の社(やしろ)の大前に，恐(かしこ)み恐(かしこ)みも白(ま)さく………

………夜乃守 日乃守爾守護里恵美幸閇給閇登 恐美恐美母白須．
………夜(よ)の守(まもり)・日の守(まもり)に守護(まも)り恵(めぐ)み幸(さき)へ給(たま)へと，恐(かしこ)み恐(かしこ)みも白(まを)す．

● 祝詞の代表的な言い回しの例

● 6 清祓(きよはらい)の儀

神の力で，敷地全域の禍神・悪霊・邪霊の類を退散させ，また穢(けが)れを除く儀式である．

開式				
手 水	修 祓	降神の儀	献 饌	祝詞奏上

				閉式
清祓の儀 →	行 事	玉串奉奠	撤 饌	昇神の儀

● 式の流れ

　清祓は，四方祓(しほうはら)いの儀，または切麻散米(きりぬささんまい)とも言う．各祭式の地鎮の儀，上棟の儀など行事の冒頭の儀式である．大きな意味で「行事」に含まれるから，式次第では表現されないこともある．竣工式では，地鎮行事，上棟行事に相当する行事がなく，清祓が竣工の儀となる．

修祓との違い
第1章7－2「修祓」参照．

清祓の手順
神職が東北隅，それから右回りに東南隅，西南隅，西北隅そして中央の順序で切麻などをまき，清祓を行う．

● 清祓の儀（地鎮祭）

● 祓具(さんぐ)（散供箱とも言う）
清祓のための米，塩，切木綿（または，白紙，五色の切麻などを用いることもある）を混ぜ，これを奉書紙で包むか，唐櫃(からひつ)などの容器に入れて三方に載せる．三方に載せず，玉串案に直接載せる場合もある．

7 儀式

● 7　行事

各祭式ごとに異なる形態で執り行われる唯一の式次第である．

```
          開式
手　水 → 修　祓 → 降神の儀 → 献　饌 → 祝詞奏上
                                          閉式
清祓の儀 → 行　事 → 玉串奉奠 → 撤　饌 → 昇神の儀
```
●式の流れ

地鎮祭：地鎮の儀

地鎮祭には，斎鎌，斎鋤，斎鍬を使った3つの儀式が包含され，それらを代表して，「地鎮の儀」と呼ぶ．この写真は，斎鎌を使った「苅初の儀」である．

上棟式：上棟の儀

木造では，曳綱，槌打，散餅，散銭の儀が行われる．鉄筋コンクリート造では，棟札，幣串の授与のみ，鉄骨造ではそれに続き，鋲鋲，曳綱，棟木納め，槌打ちの儀が行われる．この写真は，鋲鋲の儀の中の「鋲鋲の検知」である．

竣工式：清祓の儀

清祓の儀のみが行われる．この写真は，建物の重要な場所として，エレベーターをお祓いしている．

第1章　祭式の基礎知識

● 8　玉串奉奠（たまぐしほうてん）

神に謹んで玉串を奉り，神を敬い改めて祈念する儀式である．

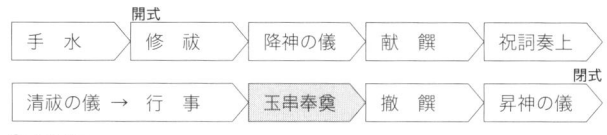

| 手水 | 修祓 | 降神の儀 | 献饌 | 祝詞奏上 |
| 清祓の儀 → 行事 | 玉串奉奠 | 撤饌 | 昇神の儀 |

開式：手水〜祝詞奏上
閉式：昇神の儀

●式の流れ

玉串とは，榊の小枝に紙垂（しで）や木綿（ゆう）（麻苧（あさお））をつけて作られたもので，古くより神へ心を伝えるしるしとして用いられている．玉串の玉は美称で，神聖なる串という意味である．古代，木綿や紙は貴重であり，神への奉り物として用いられてきた．それを象徴する紙垂（しで）を榊の枝につけて奉るのである．

儀式では，まず司会者が玉串奉奠を行う旨を告げる．次に，斎主の玉串奉奠が終わるのを見て，建築主，設計者，来賓，施工者の順に1名ずつ呼び，呼ばれた順序で玉串を奉り，拝礼してもらう．ただし，司会者は名前を読み上げる順位，呼称などに不都合がないよう関係者との十分な事前打合せが必要となる．建築主によっては，建築主の次に来賓をあてることもあるので，綿密な打合せが必要である．

●玉串奉奠

玉串奉奠について

神社庁では「玉串を奉りて拝礼」や「玉串拝礼」を用いている．ただし一般的には「奉奠」の呼称で広く慣れ親しんでいる．本書では「玉串奉奠」の呼称を用いた．

第1章 祭式の基礎知識

1 右手が榊の根本を上から持つように玉串を受取る。左手で中ほどを下から受ける。神前の案（祭具などを乗せる台）の前に進み一拝する。

2 右手の榊の根本を手前に引寄せて玉串をまわし、たてにする。次に、左手を下げて根本を持つ。

3 右手を放し、葉先を右へ「のの字」形にまわす。右手にて玉串の中程を支え、左手を下から添える。

4 右手が手前になり、左手は前方の根本に下から添えられている。その後、左手を手前の葉先の方に少し移し、両手で下から持つようにする。

5 4の状態のまま案（玉串案）の上に奉る。

6 次に二拝、二拍手、一拝する。

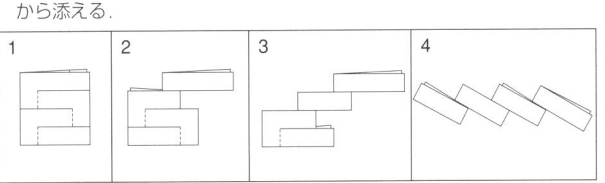

●紙垂の作り方

拍手の仕方

両手を胸の高さに上げて合せ、右手を少し引き肩幅ほどに開いて拍手を打つ（女性はそれより幅を狭める）。

榊

榊は文字通り神の木で，古くから杉，松と共に日本人に尊ばれた．栄える木という意味である．

山地に生える常緑の小高木でツバキ科に属する．葉の表面は深緑色，裏面は淡緑色である．また，神棚の榊は毎月1日などに取替える慣わしである．施工会社作業所では，一般的に月初めに神社へ出向き安全祈願をし，事務所の神棚の榊を新しく取り替えている．

●玉串

◆ 玉串奉奠（たまぐしほうてん）について

神式の各祭式では，地鎮の儀，上棟の儀，竣工式の清祓の儀などの行事の後で必ず玉串奉奠を行う．

司会者が「玉串奉奠」と言うと，初めに斎主（さいしゅ）が玉串奉奠を行う（ただし，地方によっては最後に行う場合もある）．

続いて司会者は建築主代表の会社名，役職名および姓名を呼ぶ．建築主および来賓の玉串奉奠が終わったら，以下設計者代表，施工者代表と順次同じ要領で読み上げていく．

建築主の玉串奉奠の時，司会者は「○○○○株式会社社長○○○○○殿」と読み上げた後，少し間をおいて「建築主のご関係の方は自席にてご起立の上，ご列拝願います」と言い，起立した建築主関係者は代表者の動作に合わせて，二拝二拍手一拝の作法で拝礼する．

司会者は，言葉を簡潔にハッキリと述べること．

次にここで，ある司会者の失敗談を記しておこう．
① 司会者が，建築主の名前を先に言うべきなのに，設計者の名前を先に言った．
② 斎主がまだ玉串を持っていないのに，建築主の名前を言い，斎主をあわてさせた．
③ 司会者が「関係者の方は自席にてご起立の上，ご列拝願います」と言わなかったために，その建築主関係者の方が列拝しなかった．
④ 建築主の代表者が玉串奉奠の時，司会者は「関係者の方は自席にてご起立の上，ご列拝願います」と言ったが，一同が起立しなかった（式に慣れていない人が多かった）．

まちがった場合は即座に「大変失礼致しました」と詫びるのがよい．司会者は予行演習を必ず行い，参列者の行動を促す場合は，できるだけ具体的な表現をする．

● 9　撤饌(てっせん)

献饌で供えられた神饌を取り下げる儀式である．

```
手水 → [開式] 修祓 → 降神の儀 → 献饌 → 祝詞奏上
清祓の儀 → 行事 → 玉串奉奠 → 撤饌 → [閉式] 昇神の儀
```

●式の流れ

　前述の献饌の時と同じように，式の運びその他時間の関係などから，祭式中に神饌そのものを取り下げることはなく，多くの場合，神職の所作としては，祭壇の水玉と瓶子にふたを戻すだけである．参列者は着席のままでよい．

　まだ神々はお帰りではないが，酒や山海の珍味のご馳走でのもてなしも終わり，そろそろ帰り支度をしていただくことになる．式後，神酒拝戴でこの折りのご神酒を参列者全員でいただくことになる．

撤饌の順序

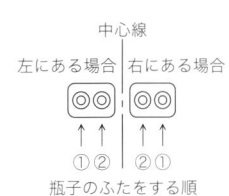

```
        中心線
左にある場合 ｜ 右にある場合
   ◎◎    ｜    ◎◎
   ↑↑    ｜    ↑↑
   ①②    ｜    ②①
      瓶子のふたをする順
```

中央にある場合は，左を①とし，右を②とする．

●撤饌

◉ 10　昇神の儀

お迎えした神々を元の御座へお帰しする儀式である．

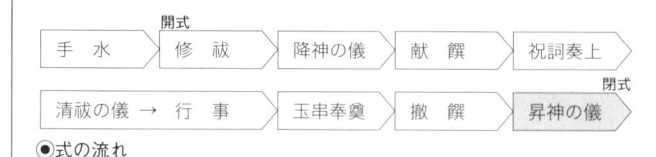

```
　　　　　　　　　開式
手　水 → 修　祓 → 降神の儀 → 献　饌 → 祝詞奏上
　　　　　　　　　　　　　　　　　　　　　　閉式
清祓の儀 → 行　事 → 玉串奉奠 → 撤　饌 → 昇神の儀
```
◉式の流れ

　降神の儀では神々を迎えたが，この神事では神々がお帰りになるという意味である．

　まず斎主は神前に進んで二拝した後，昇神詞を申し上げる．司会者は，斎主が神前に進み二拝するころを見はからって，一同を起立させる．斎主が神々のお帰りを促す祈念をして，再び「オー」という警蹕を掛け，厳かに神々をお送りする．司会者は，昇神の儀が終わり，神職が自席に戻った時，祭式が終わった旨を参列者に告げる．そして直会の案内をする．ただし，直会は行われない場合もある．

◉昇神の儀

● 11 直会(なおらい)

閉式後，祭場の中で神酒拝戴を行い，神前に供えたお神酒をかわらけでいただくにとどまらず，会場を移して祝宴を行うこともある．これが直会である．

　祭場の中で神酒拝戴が行われず，直会で行われる場合もある．ただし，直会に神事参列者以外の人が出席する場合は，神酒拝戴は祭場で行われる．このような場合，神酒拝戴は神事として，神事参列者のみで行うのがよい．

　ただし，直会が行われないこともある．その場合も神酒拝戴は祭場で行われる．詳細は，第6章「実務マニュアル」2—2・1を参照のこと．

　どの程度の直会にするか，施工会社は建築主とあらかじめ打合せをしておく必要がある．

●神酒拝戴

直会の計画

規模・形式など，建築主の考え方を踏まえ，施工会社にて立案する．ただし，個人住宅などでは，建築主が直接計画する場合が多い．

神酒拝戴

神事として必ず執り行われるが，その場所は「祭場」「直会会場」のいずれかとする．

直会の規模

つまみ程度で，お供えのお神酒をいただいてお開きにする簡単なケースから，2合瓶に折詰などを参列者全員に配って祝宴を張るやや正式なケースまである．さらにパーティー式で接客係を付け，料理と各種飲物を揃えた盛大なケースもある．

会のお開き

その集まりの実行の責任者などによる手締めをお願いしてきりをつけるよう，前もって打合せておく．上棟式など職方が参加するケースでは，棟梁または鳶職の親方の音頭で手締めを行うとよい．

◆ 手締め

"手締め"には，座をまとめるという意味がある．物事の決着や成就を祝って，関係者が揃って拍子を合せて手を打つ．手打ちのことである．

手締めの前に「イヨォーッ」という掛声を掛ける．これは「祝おう」が転じたものであるとされており，手締めには欠かせない．

そこでまず，建設業界で通常行われている三本締めの例を示す．「僭越でございますが，ご指名でございます．三本締めの音頭をとらせていただきます．○○工事の地祭りを祝し，本日ご列席ご一同様のご健勝を祈念いたしまして，古式にのっとり手を締めさせていただきます．お手を拝借，イヨォーッ」シャ シャ シャン，シャ シャ シャン，シャ シャ シャン，シャン「イヨッ」（音頭とりの掛け声）でもう2度シャ シャ シャンを繰り返せば終わりで，「おめでとうございます」と言って一礼する．

また，"一本締め"という方法もある．一本締めというと「イヨォーッ，シャン！」と一回手を打って締める光景がよく見られるが，これは正しくは一丁締めという．江戸前の一本締めは「シャ シャ シャン，シャ シャ シャン，シャ シャ シャン，シャン」と，三・三・三・一と手を打つのが正しいやり方である．しかし，一回手を打つ一本締めが一般化し，多くの人が正しいと信じているのも事実である．

手締めの音頭は，その集まりの実行の中心となった責任者が取る．つまり，「本日も無事納まりました」と，協力者へ感謝の気持を込めて行うのが，本来の姿なのである．したがって，「最後の締めを来賓の○○様にお願い致します」というのは，手締めの本来の意味からはずれてしまう．

一つ目上がり

落語の桂一門の手締めを紹介する．一つ目上がりといい，最初は人指し指だけ，次は人指し指と中指というように，指を一つずつ増やしていく締め方である．手の打ち方は，一本締めと同じである．これを，5回繰返すことになる．つまり，
1回目：人差し指
2回目：人差し指・中指
3回目：人差し指・中指・薬指
4回目：人差し指・中指・薬指・小指
5回目：人差し指・中指・薬指・小指・親指

吉原締め

一本締めの後に，加えて7回手を打つ．これは普段なかなかみることのない珍しい締め方の一つである．

◉酒樽

● 祭儀の伝統

わが国の神祀り祭儀の起源は遠く，計り知れない程のものである．その中で伝統として色々な祭の姿を現代に伝え，昔さながらに見ることが出来るのが伊勢神宮の式年遷宮である．式年とは，神宮などで，祭りの儀式を行うものとして定められている年で，遷宮とは，新しい神殿を造って祭神を遷すことを言う．式年遷宮は，神宮最大の神事で1300年に渡って続けられている．

伊勢神宮20年目ごとの御遷宮においては，実に24の建築工事の祭儀が昔のまま執り行われる．その後，ご神体（祭神）を遷すお祭りが続き，最終的に33の儀式が挙行される．

その第一は山口祭である．これは，御造営に要する御用材のある山の入口における祭儀である．

次いで木本祭が執り行われる．これは御杣山に入って最初に伐り出す用材，すなわち御正殿の床下に建てられる心の御柱の御用材を伐採するに当たり行われる祭儀である．次に鎮地祭が執り行われる．一般には地鎮祭と称しているものである．続いて，立柱祭，御形祭，上棟祭，と次々に古式ゆかしく連綿と祭儀が執り行われ，竣工の祭儀として後鎮祭に至る．

「唯一神明造」と呼ばれる建築様式の神殿を維持していくためには，20年が最もふさわしい年月と言われている．これには様々な説があるが，20年に一度の式年遷宮を通して，建築・神宝・装束などの技術が継承され守られている．

一般の家屋や建造物においては建築様式が変わり，諸祭儀においても本儀・略儀入り交じって行われ，その祭儀の姿は昔と変わったとは言っても，私達は今後も祭儀の本来の精神を違えることなく，この伝統を次世代へ残して行く必要がある．

神宮式年遷宮の祭儀

1	山口祭
2	木本祭
3	御杣始祭
4	御樋代木奉曳式
5	御船代祭
6	御木曳初式
7	木造始祭
8	御木曳行事
9	仮御樋代木伐採式
10	御木曳行事
11	鎮地祭
12	宇治橋渡始式
13	立柱祭
14	御形祭
15	上棟祭
16	檐付祭
17	甍祭
18	お白石持行事
19	御戸祭
20	御船代奉納式
21	洗清
22	心御柱奉建
23	杵築祭
24	後鎮祭
25	御装束神宝読合
26	川原大祓
27	御飾
28	遷御
29	大御饌
30	奉幣
31	古物渡
32	御神楽御饌
33	御神楽

第1章 祭式の基礎知識

第2章　地鎮祭

1　地鎮祭について
2　地鎮祭の式次第
3　祭場設営
4　地鎮の儀

祝詞奏上

斎主が神前に進み，工事の安全と建物の安泰繁栄を祈願する詞（ことば）を読み上げている．この祭場は幔幕を張らない簡略な設営の例である．

地鎮の儀 ―鎮物埋納（しずめものまいのう）

斎主（さいしゅ）が鎮物を入れた木箱を持ち，祭壇の斜め左前に設けられた盛砂に向かい，鎮物を埋納している．

玉串奉奠と祭壇

祭壇手前の神饌案に奉奠後の玉串が置かれている．この場合祭壇にはお社（やしろ）が鎮座する．お社の場合と神籬（ひもろぎ）の場合があるが，神籬（ひもろぎ）の場合が一般的である．

● 木造小住宅の地鎮祭

▶1◀ 地鎮祭について

安全祈願

◉1 概要

地鎮祭は,「とこしずめのまつり」とも言い工事着手前に執り行い,土地の神々の霊を鎮め,敷地の穢(けが)れを清め祓って,永遠の加護と安全成就を祈願するものである.俗に「地まつり」とも言う.

上棟式,竣工式と並び建築の三大祭式のひとつである.

その中でも地鎮祭は最も祭式の意味が重いと考えられており,他の祭式と比べ省略されることが少ない.不浄を忌み,物心とも清らかであるということは古来より大切にされ重んじられてきた.

神職による「清祓(きよはらい)」はこの清浄を期する「祓い清め」の象徴的表現である.建設の場となる土地がこれによって浄化される.

今日では地鎮祭と同じ意味で「安全祈願祭」を行うことがある.地鎮祭と同じく工事着手前に執り行い,着工に至ったことを喜び工事の順調な進捗と安全を祈願するものである.ただし「安全祈願祭」では,「地鎮の儀」を省くのが普通である.

また,公共工事では,通常地鎮祭と言わず起工式と名付けて,神事は執り行われず,式典のみを行う.

ただし,起工式であっても「地鎮の儀」と同じ内容の行事を行う場合もあり,その場合は「起工の儀」などと呼ぶ.儀式の内容は,「地鎮の儀」と同じである.

工事着工時の儀式

工事着工前に地鎮祭が執り行われた場合,安全祈願祭,起工式が引続き行われる例は少ない.この三つの祭式のいずれか1つを選択するのが一般的である.

現行の慣例

室町時代以後,神道の制として規定されたものであろう.卜部(うらべ)氏に秘伝として伝えられたものと推定される.卜部とはウラナイを司った家という意味であると言われている.

この慣例は,現代の神道の儀式へ受け継がれている.

● 2　木造建築の場合

建築に関する諸祭式は，もとをただせば日本古来の木造建築の儀式に準じて行われているものである．しかし，最近の木造建築で古式に忠実に祭式が執り行われるのは社寺建築ぐらいであり，その例は極めて少なくなっている．

儀式を行う場合，正式（正儀）と略式（略儀）の2つのケースがある．木造建築の儀式では，宮中や伊勢神宮，その他神宮・神社の御殿の造営の時などに，最も正式なかたちで儀式が執り行われる．

建築の規模や関係者の考え方により，正式に実施される場合と略式で行われる場合がある．

一般には簡略化されて，地鎮祭と上棟式のみが行われることが多い．その場合も地鎮祭では「地鎮の儀」の行事の一部を省くか，「地鎮の儀」そのものを省く場合がある．

祭場の設営も祭式の簡略化に伴って，簡潔に済ますことが一般化している．

すなわち，祭場の範囲四隅に斎竹を立て，注連縄で囲むだけとし，幔幕を張らず，参列者全員が起立のままというケースが珍しくない．

正式（正儀）と略式（略儀）

同じ木造建築でも神社・仏閣などのような伝統建築と個人住宅とでは祭式のあり方も異なる．前者は最も正式なかたちで儀式が行われるが，後者では極く略式で行う．
ただし「略式」という言葉は神に対し失礼な場合があり，注意が必要である．

大地主神（おおとこぬしのかみ）

土地を守護する神のことを言う．

産土大神（うぶすなのおおかみ）

土地の氏神様で村の鎮守の神のことである．

祭神 ＼ 祭式の種類	地鎮祭	安全祈願祭	起工式	立柱式	上棟式	定礎式	修祓式	竣工式
大地主神（おおとこぬしのかみ）	○							
産土大神（うぶすなのおおかみ）	○	○	○	○	○	○	○	○
手置帆負命（たおきほおいのみこと）			○	○	○	○	○	○
彦狭知命（ひこさしりのみこと）			○	○	○	○	○	○
屋船久久能知命（やふねくくのちのみこと）				○	○	○	○	○
屋船豊受姫命（やふねとようけひめのみこと）				○	○	○	○	○

● 祭神の参考例

▶2◀ 地鎮祭の式次第

地鎮の儀

◉1 概要

地鎮祭の式次第について，「地鎮の儀」の前後は上棟式・竣工式などと同じである．「閉式」の後，「神酒拝戴（はいたい）」を行う場合がある．（第1章7−11参照）

開式：手水 → 修祓 → 降神の儀 → 献饌 → 祝詞奏上
閉式：清祓の儀 → 地鎮の儀 → 玉串奉奠 → 撤饌 → 昇神の儀

◉式の流れ

地鎮祭式次第
一、開式　　　　　一同着席
一、修祓　　　　　一同起立
一、降神の儀　　　一同起立
一、献饌
一、祝詞奏上　　　一同起立
一、地鎮の儀
一、玉串奉奠
一、撤饌
一、昇神の儀　　　一同起立
一、閉式　　　　　一同退出

◉地鎮祭式次第例

　地鎮の儀は，苅初（かりぞめ）の儀，穿初（うがちぞめ）の儀，鎮物（しずめもの）埋納をはさみ，鍬入（くわいれ）の儀の3つの儀式で構成される複数の儀式の集合体である．

＊（注）「閉式」のあと「直会」もしくは「神酒拝戴」と書く場合もある．

起工式と式次第

起工式は工事着手の前に行う儀式であるが，今日では地鎮祭と同じように呼ばれることがある．
「地鎮の儀」のかわりに「起工の儀」として，鎌，鋤，鍬を使った儀式が行われる．

苅初（かりぞめ）の儀

地鎮の儀の最初の儀式．設計者が盛砂に向かって，三度斎鎌（いみかま）で草を刈る所作をする．

穿初（うがちぞめ）の儀

建築主が盛砂に三度斎鋤（いみすき）を入れる所作をする．

鎮物埋納（しずめものまいのう）

斎主が地鎮の儀の際に鎮物を埋納する儀式のこと．

鍬入（くわいれ）の儀

施工者が，盛砂に向かい三度斎鍬（いみくわ）で土を掘る所作をする．

● 2　木造建築の場合

総じて木造建築は，住宅など小規模なものが多く，簡略化されている．

　まず斎主（さいしゅ）が，修祓の後降神の儀で神を迎え，献饌を行い，祝詞（のりと）を奏上する．「地鎮の儀」として設計者が苅初（かりぞめ）の儀を行い，建築主が穿初の儀を行い，斎主が鎮物を納めた後，施工者が鍬入の儀を行う．さらに建築主，その家族，設計者，施工者の順で玉串を神前に捧げ，二拝二拍手一拝する．清めのための塩をまくこともある．撤饌の後，昇神の儀で神をお帰しし，お神酒を戴きお祝いをする．

　施工者が設計監理を兼ね，別に設計者がいないときなどは，苅初の儀を省略する．清祓のときは神饌案に米と塩を混ぜて供えておき，散供する．盛砂を敷地の鬼門位置（北東隅）に設け，建築主が鍬入を行い，後に敷地内に散布する例もある．さらには鎮物（しずめもの）として神籬の芯を取り，紙垂と麻苧（あさお）を一緒に白紙に包み，麻で結び祭場中央に埋納することもある．

地鎮の儀

地鎮祭には，斎鎌（いみかま），斎鋤（いみすき），斎鍬（いみくわ）を使った3つの儀式が包含され，それらを代表して，「地鎮の儀」と呼ぶ．

●地鎮の儀

▶3◀ 祭場設営

祭壇

● 1　概要

地鎮祭の方式並びに規模により祭場の設営は異なる．ただし祭壇の向きは決まっている．南または東向きとし，北または西向きはなるべく避ける．午前の太陽光が当たる向きと記憶しておけばよい．

まず第一に検討すべきことは，祭場である．それも祭壇まわりの検討から始める．その広さは神職と参列者の人数が関連する．神社は，祭式の依頼を受けた時にその内容により，神職の人数を決定するが，一般的には神職が一人の一人奉仕の場合がほとんどである．この場合は斎主(さいしゅ)一人となる．

次に多いのは，神職が二人の「二人奉仕」である．一人が斎主，もう一人が祭員で斎主の補助を行う．「三人奉仕」以上のケースは滅多にないが，一人が斎主で他を祭員と呼称する．これに楽器を演奏する伶人(れいじん)が加わる場合があるが，それは極めてまれなケースと言える．

したがって標準型としては神職は一人とし，祭壇の前に盛砂を設ける前提で，奥行きは2間と考えたらよい．間口の方は，参列者の数に関連するが3間が一般的である．参列者の数は，建築の規模や建築主側及び来賓の出席者数により決まってくる．

設計者や施工者は，建築主側の顔ぶれにより，失礼のないよう参列者の選定を行う．

全体の人数で座席に割付けた時に，正中と呼ばれる中央通路を挟み，左右に何列並べるかで間口が決まる．

祭壇南面

祭壇の向きは，南向きが基本である．その理由の一つは，太陽の昇る方向，すなわち日の当る方向に祭壇を向け，太陽の沈む方向には向けるべきではないという発想である．
この考え方は，床の間や神棚・仏壇の向きなどとも共通し，家相の基本的な考え方につながる．

鎌，鋤，鍬の位置

それぞれ玉串案の横に置く．その並べ方は，鎌，鋤，鍬とも1つの案に載せる場合もあるが，鎌だけは小さな三方に載せ，鍬は玉串案の前に立てかける場合もある．鎌，鋤，鍬は木製の儀式用のものを使う．

祭壇に向かって右に建築主・来賓，左に設計者・施工者で都合五列から六列が一般的なので，間口は前述の通り3間が標準と考えられる．後は，全体人数から奥行き方向に座席が何列並ぶかが決まり，それに応じた全体会場の奥行きが決まる．

詳細は本章3-2「祭場設営の例」を参照のこと．

決定した祭場を敷地中央に置き，残ったスペースで控室，駐車場などを検討することとなる．

詳細は本章3-4，3-5参照のこと．

●祭場の例

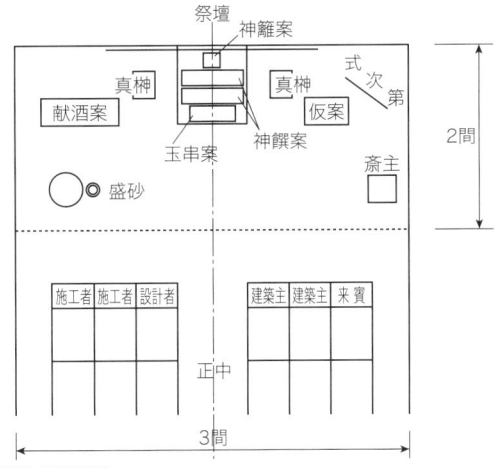

●祭場の配置例

盛砂の位置

正式には神前正中に設けるが，一般的には便宜上左前に設けている．これは，左前に設けた方が，地鎮の儀の時に長い鍬や鋤を持って動作する場合，障害がないからである．

椅子席の配置例

祭場内案内係は，出席者への気配りが必要である．出席者の顔を知っている人が当たれば安心であるが，すべて知っているわけではない．そこで座席の後に役職姓名を付した席を設けると一目瞭然とわかる．

正中について

祭壇の正面を正中と言い，目上の人の真正面を遠慮するのと同様，神様の正面は遠慮するのがよい．したがって，正中に座席を並べないよう配置に工夫をする必要がある．

第2章　地鎮祭

鎮物穴と盛砂

「鎮物埋納」は斎主が行う．鎮物は，基礎コンクリート打ちの時，基礎の下の土の中に埋めるのが一般的である．苅初の儀を行う時は，盛砂に草を立てるが，場合によっては笹などを用いることがある．「草あり」を設計施工分離，「草なし」を設計施工と定めている施工会社もある．施工会社の流儀により，さまざまなスタイルが生まれている．

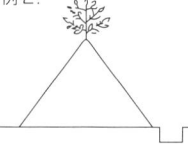

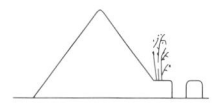

例1.
例2.
例3.
例4.

◉盛砂の代表的な例

◉2 祭場設営の例

まず祭壇を南向きに設置し，神域を注連縄などで囲むのが基本である．

　祭場の作り方には，いくつかのパターンがあるので，一概には述べられないが，一般的と思われるものを解説する．

　右図に示したように祭壇まわり（間口3間×奥行2間）の四隅に斎竹を立て，紙垂を付けた注連縄を張り巡らせ，三方には浅葱幕を巡らせて，明確に神域を形成する．祭壇の背に几帳幕を垂らし，参列者席の三方を紅白幕で囲う．ただし，このやり方はケースにより様々なので注意が必要である．しかしながら，多少の違いがあっても根本は変わらないので，一般的ではないケースに出会ってもまごつく必要はない．

　祭壇の部分には神籬案，神饌案，玉串案と奥から手前に並べられ，祭壇の両脇に真榊が立てられるが，略されることもある．地鎮祭の場合のみ，盛砂が設けられる．

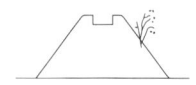

◉盛砂　この盛砂のスタイルは，左図に示す例3に該当する．

式次第の位置

祭壇の左側が下手になるので，左がよいが，例のように右の場合もある．

仮案（玉串仮案ともいう）は一般的に斎主側に置かれる．（設営例参照）

●祭壇の例

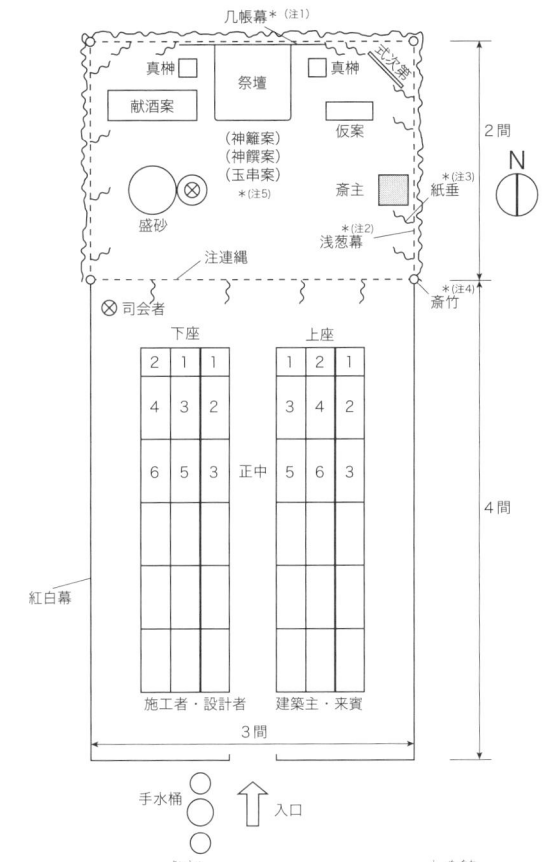

●祭場設営例－1　斎主が一人の一人奉仕の例である．注連縄は参列者席と司会者位置を外し，祭壇と盛砂を含む地鎮行事場を取囲んでいる．

*（注1）几帳幕
　　壁白ともいう．
*（注2）浅葱幕
　　青白幕・鯨幕ともいう．ただし，鯨幕は黒と白．
*（注3）紙垂
　　玉串・注連縄などにつける紙片．
*（注4）斎竹
　　忌竹とも書く．祭場などの四方に立てる笹付の竹．
*（注5）読み方はそれぞれ，神籬案，神饌案，玉串案．

第2章　地鎮祭

● 3　祭場設営のその他の例

斎主と祭員の役割分担

神職が一人の一人奉仕では，斎主と祭員の役割は分けられない．二人奉仕以上になると，役割の分担が生じる．

● 神籬（中央奥）と神饌（手前）

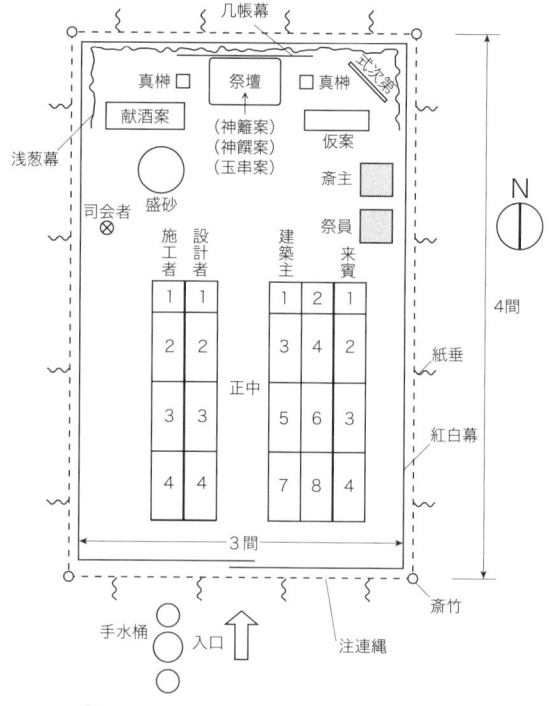

● 真榊・剣
（祭壇左側）

● 祭場設営例－2（二人奉仕の場合）

斎主一人，祭員一人の二人奉仕の設営例で，ケースとしては少ない．注連縄は祭壇と盛砂だけではなく，参列者席と司会者を含め，祭場全体を囲んでいる．

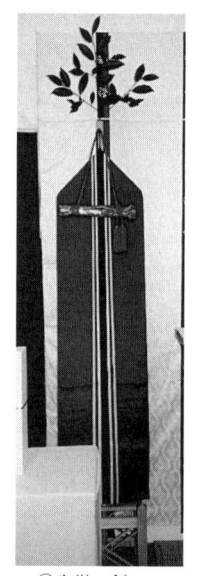

第2章 地鎮祭

●祭壇全景

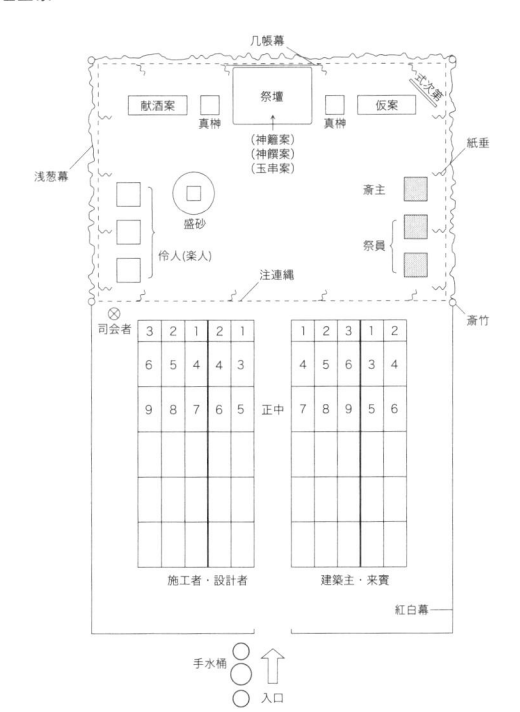

●鎌・鋤・鍬

用具案
鎌
鋤　鍬

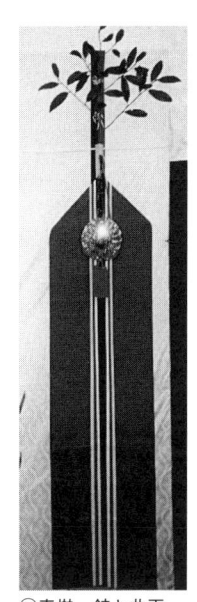

●真榊・鏡と曲玉
（祭壇右側）

●祭場設営例－3（三人奉仕＋伶人の場合）

斎主一人，祭員二人の三人奉仕で，伶人（楽人）が三人入るケースである．これだけの陣容での祭式は，稀である．

● 4　全体配置の標準例

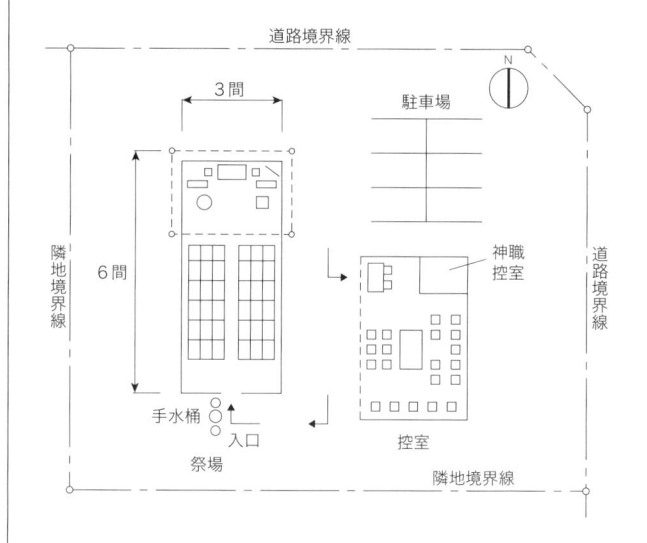

地鎮祭祭場の設営

初冬に行われた地鎮祭の事例である．前日に雨が降ったので，急きょ乾いた砂を敷き，テントは風雨対策のものとして，壁付きの新しいものを用意した．テントの裾は隅と中央をロープで固定した．当日は少し寒く，石油ストーブを設置した．設営計画は何度もチェックが必要である．

●全体配置例－1

控室と祭場が独立して設けられた一般的な例である．この図では神職控室が控室脇にある．

祭壇横の献酒案

酒の並べ方にも順序がある．祭壇寄りが上位で，外側方向に向かって建築主・設計者・施工者・設備業者と並べてある．その向きは，座席の中央に正対するのがよい．順番をたがえたばかりに参列者の気分を害することもあるので注意が必要だ．

●献酒案

● 5　全体配置のその他の例（直会会場を併設）

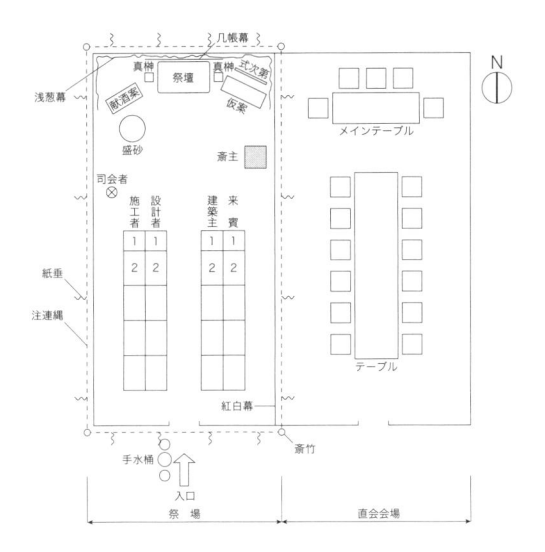

●全体配置例－2（直会会場隣接型）
祭場に隣接して直会会場を設けたケースである．注連縄は，中心となる祭場のみを取囲み，直会会場には注連縄を張っていない．

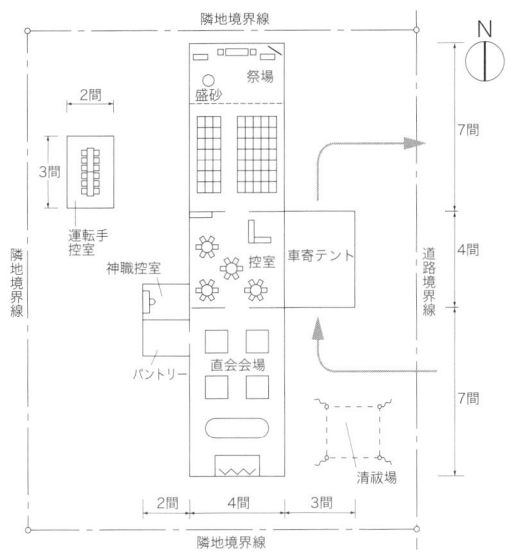

●全体配置例－3（控室，直会会場連結型）
控室を挟んで祭場と直会会場を配置している．車寄せ，神職控室，運転手控室，清祓場も設置されている．ここまでの内容を包含したケースは稀である．

祭場の準備

祭場の設備は建築主の意見を反映し，適確な指示のもと専門業者に委託し，前日までに完了しておく．写真は，職方が祭壇回りの土台を砂でぬり固めているもの．祭壇の計画が見事であれば清々しい神事となる．

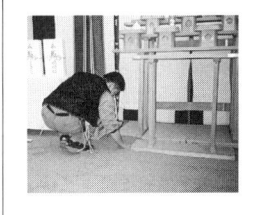

▶ 4 ◀ 地鎮の儀

鎌・鋤・鍬

● 1 概要

地鎮祭で行われる「地鎮の儀」では，斎鎌（いみかま），斎鋤（いみすき），斎鍬（いみくわ）を用いることから，俗にカマ・スキ・クワの行事とも言う．

盛砂を使って行われる．所役は神前に背を向けないよう定められた所作を行う．所作と共に「エイ，エイ，エイ」と発声するが，発声を伴わない地域もある．

＊（注）一人奉仕の場合，神職は斎主のことである．

所役の地方による相違点

次ページのように，地方により所役の担当者が様々に変わるので，注意が必要である．
＊（注）本書は大阪・名古屋に基づき記述している．

九州は特殊

鎌，鋤を使わず，鍬を建築主が使い，槌を施工者が使って，地鎮の儀を執り行う．

区 分	所 役	所 作	備 考
清祓の儀	神 職	神職が神前より祓具を取って敷地の四方四隅を払う儀式．	
苅初の儀（かりぞめ） 鎌	設計者代表	神職から斎鎌を受取った代表執行者が，盛砂に差し込まれた根付の草を刈る所作を3度行うものである．	所役：神前一礼→盛砂位置　所作→神前一礼→神職へ鎌を返還→自席
穿初の儀（うがちぞめ） 鋤	建築主代表	神職から受取った斎鋤で盛砂を3度掘る所作をする．	所役：神前一礼→盛砂位置→所作→神前一礼→神職へ鋤を返還→自席
鎮物埋納（しずめものまいのう）	斎 主	斎主は案（祭具類をのせる机）に置いてある鎮物を，あらかじめ盛砂に掘ってあった穴の中に埋納する． 鎮物は，式終了後取出され，後日建造物の中央の地中に埋められる．この行事で鎮物は穿初の儀で掘られた盛砂の中に仮埋めされることもある．	鎮物は，建物の地中に埋められるまで作業所の神棚に祀る．
鍬入の儀（くわいれ） 鍬	施工者代表	神職から受取った斎鍬を持って盛砂の所へ進み，鍬で土をすくうような所作を3度する．	所役：神前一礼→盛砂位置→所作→神前一礼→神職へ鍬を返還→自席

● 地鎮の儀

区　分	北海道	東　京	大阪・名古屋	広　島
鎌	──	設計者	設計者	（建築主）
鋤	施工者（スコップ）	施工者	建築主	施工者
鍬	建築主	建築主	施工者	設計者

⦿所役の地方による相違点

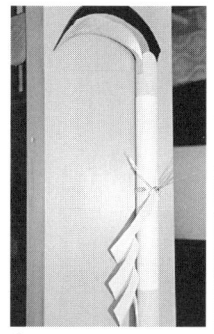

⦿鎌

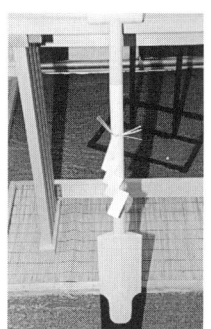

⦿鋤

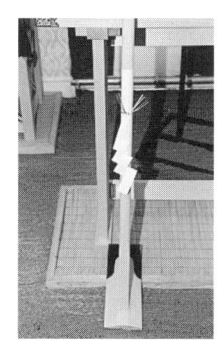

⦿鍬

鎌・鋤・鍬

地鎮の儀で所役が使う祭式用具のこと．いずれも檜製で，鋤・鍬は刃部を墨で黒く塗り，鎌は刃先を銀色に，背部を墨で黒く塗る．それぞれの柄に奉書を巻き，水引をかける．写真では，紙垂を付しているがケースとしては少ない

鎮物穴に納める鎮物

神職が持参するのが一般的である．内容については，地中に長く埋めておく品物であるから，一般に腐蝕しないものが選ばれている．例えば神札，通貨，「人形(ひとがた)・鏡・小刀」のミニチュアや産土神社境内の小石など．ただし，木造建築の場合，前述の通り神籬（榊）の芯と紙垂と麻苧(あさお)を鎮物とすることがある．

⦿鎮物埋納

⦿小住宅の例

◆ 地鎮祭余話

　個人住宅の地鎮祭は厳粛な祭りである．この祭りは，大地の神の大地主神（おおとこぬしのかみ）と土地の氏神様で鎮守神の産土大神（うぶすなのおおかみ）に酒食をもてなし，工事に関わるすべての人々が，神前で祈願する神事である．

　その後の直会（なおらい）は，神に差上げた酒食と同じものを末座で賜る（お下がりをいただく）酒宴をいい，楽しい祭りの雰囲気となる．

　厳粛さと楽しさは表裏一体のもので，昔から祭り・祈りにはつきものだった．日常生活においても両者はつながりをもって生活のリズムを作っているし，生活の中に活力を与えてきた．

　昔の「伊勢参り」がそうである．伊勢講（伊勢参宮を目的として組織された民間の集団）まで作り，遠い旅路を歩いて伊勢神宮にお参りし，大神の前に真剣に祈願した者がその後一転して古市という色町に出かけ，無礼講で騒ぐことが多かったという．「自分は神様に許しを得たから騒いでも罰は当たるまい……」という理屈なのだろう．苦の後の楽を目標にして苦に耐えて来たということだ．

　ところで，官公庁では地鎮祭といわず，起工式と名を変えて行っている例が多い．

　過去にこんな例があった．

　津市の公共団体が昭和40年に体育館の建築工事着手時に祭式を行った．それが神社の神職が奉仕した地鎮祭であった．そのため一市民団体から「地鎮祭は，神職が行う神道にのっとった宗教行事なので，市費が特定の宗教行事に使われたことは憲法違反に当たる」と訴訟が起こされた．

　これを受けた津地方裁判所は「地鎮祭は原始的土地信仰に根ざしたものが，近代的宗教の展開につれ国民的習俗と化したものである．したがって地鎮祭は宗教行事ではない」

起工式

工事着手の前に行う儀式のこと．
地鎮祭の時に行われる場合が多いので，時には地鎮祭を意味することもある．

と結論を出した．

しかし，市民団体はこれに納得せず，名古屋高等裁判所に争いを持ち込んだ．ここで，学者の和歌森太郎（東京教育大学—現・筑波大学—名誉教授）が登場する．

彼は「地鎮祭のような修祓・降神の儀，献饌，祝詞奏上，清祓の儀，苅初めの儀，鍬入れの儀，玉串奉奠などと進められる祭式は習俗といえず，宗教そのものである」と述べた．

名古屋高裁は，この意見を重視して市民団体側の勝訴とした．

しかし，昭和52年の最高裁では「公共団体が地鎮祭を行っても，政教分離を定めた憲法には抵触しない」という合憲の判決を出した．思うに，習俗（習慣と風俗）という言葉は解釈があいまいである．

地鎮祭は，官と民によって呼び名を変えているとはいえ，建築工事着工時の日本の伝統に根ざした「常識的な祭り」として人々の間に定着した儀式である，と言うことだ．

地鎮祭と政教分離論争

某新聞のコラム記事の一部を次に紹介する．

最近"地鎮祭"なるものが問題になっているが，最高裁の判決では"神道"としての宗教的色彩は薄いとして公共団体で行うことも特殊な場合を除き憲法には違反しないとしている．（中略）施主（本書では建築主）は繁栄を約束されたと思い，施工者は工事の安全が果たされると考えればその効果はあるものと実感される．

◆ 作法・礼法

修祓（お祓い）

修祓によるお祓いは穢を祓って、清浄の身となる人の願望を表すものである。
お祓いを受けるときは、頭を下げて表敬するが、これを磬折と称している。45度程度腰を折る。

●紙垂

　地鎮祭で、参列者は玉串奉奠の際、二拝、二拍手、一拝の作法を行う。この拝は腰を90度に折る最敬礼の姿である。
　元来、「礼」という言葉は中国における五倫五常「仁・義・礼・智・信」の第3番目の「礼」に当るもので、外形上の秩序の規則だとか、国家・社会の組織または作法・儀式などに用いる。
　日本語では「礼」ともいう。
　「礼」とは敬意を表すこと、うやまう、相手を尊敬することの意味だが、中国では古くから礼儀の式法、つまり正しい動作ということを意味する。

礼法は各時代，各民族，職種，年齢といった社会的客観情勢を条件にして決められる．したがって，古今を通じて変わらない礼法の基準は本来存在しないと言える．日本人は昔から営々と礼法を守り通して来た．

すなわち，生活の秩序，ルールを決めて守って来たのである．

古くは「魏志倭人伝」の中にも，日本人は貴人に会うと道を避けて，草にうずくまるとか，手を打って拝むとも書かれている．江戸時代においても大名行列の時，人々は道にうずくまって敬意を表した．

今は，手を打って拝むのは神社での拝礼の時だけだが，これも古代の礼法の形が宗教の世界に生きていると言える．昔は貴人に会っても拍手礼拝を行った．

礼法は現代に至るまでに，変遷の道を辿って来た．

かつての礼法は，形を変えて拍手を打つ参拝となって宗教の世界に残った．また，おじぎは広く一般の生活慣習に組込まれている．

礼法

礼儀の法式．法式とは，儀式や礼儀などの決まったやり方のことである．

例えば，玉串を神職より受け取るときは，軽く礼をする．これを「小揖（しょうゆう）」と言う（15度上体を曲げる）．45度を「深揖（しんゆう）」と言う．玉串を神前に奉奠し，神を拝む時は，「拝」と言って，本文に記したように腰を90度に折る最敬礼の姿である．

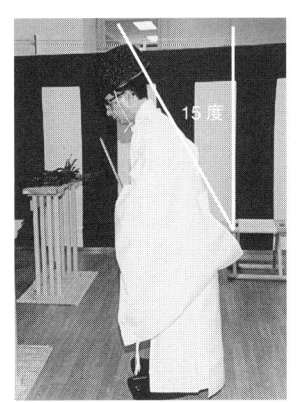

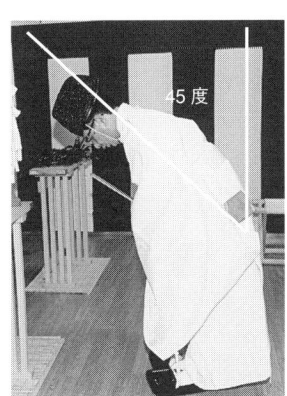

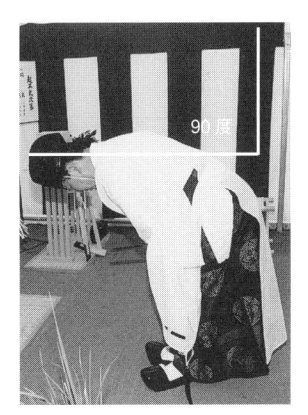

● 小揖（しょうゆう）　　　● 深揖（しんゆう）　　　● 拝　最敬礼で90度曲げる

第3章　上　棟　式

1　上棟式について
2　上棟式の式次第
3　上棟行事場
4　上棟の儀
5　立柱式について
6　定礎式について

木造

木組が組まれ，棟に職方の手で幣串が取りつけられている．参列者は祭場の外に出てこれを地上から見上げている．

鉄骨造

最上階に取りつけられる鉄骨梁がクレーンで吊り上げられている．参列者は祭場の外に出てこれを地上から見上げている．

鉄筋コンクリート造

最上階のコンクリートを打ち終った時点で上棟式を行っている．祭場外での上棟行事はなく，祭場内で清祓いのみを行っている．

● 上棟式三景

▶1◀ 上棟式について

棟札・幣串

●1 概要

上棟式は上棟祭,または棟上げとも言われている.建物を新築する際,棟木を棟に上げる段取りになった時に行われる木造建築の儀式が起源となった祭式である.

　上棟式は,地鎮祭,竣工式と並び建築の三大祭式のひとつである.その中でも上棟式は昔から木造建築において特に重んじられて来た儀式である.

　地鎮祭が大地の神々に対して祈願するのに対して,上棟式は,建物の守護神と工匠の神にこれまで工事が無事に進んだことを感謝するとともに,竣工に至るまでの加護と建物の永遠堅固を祈願する儀式である.

　フラットルーフ（平らな屋根形状）の鉄骨造は,棟木を上げることがない.したがって,主要構造部が完成し,最上階の鉄骨梁を取りつける工程になった時に,棟札・幣串の授与および鋲鋲の儀を行い,これを上棟の儀とすることが一般的である.

　また,鉄筋コンクリート造の場合も同様に最上階の躯体コンクリートの打込み完了後に,棟札・幣串の授与を行い,後日天井内に納める.ただし,鉄筋コンクリート造では上棟式そのものを実施しない場合が多い.

棟札
上棟の時の安全を祈願し,守護の神名に合わせて,工事の概要などを記し,後世への記録とする板札のこと.

幣串
神への供え物を古代人は,檜の白木の串に挟んでいた.この串のことを幣串という.

●棟札・幣串の例

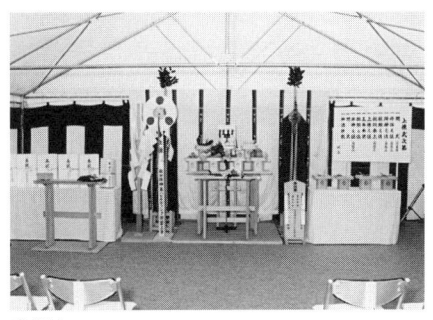

●上棟行事場　　　　　　　　　　　●祭壇

● 2　木造建築の場合

木造建築の上棟式は匠の技を使う職方を慰労する感謝の機会でもある．

　木造建築における正式な「上棟行事」は以下の3つの儀式で構成されている．
（1）曳綱の儀または棟木祓の儀
（2）槌打の儀
（3）散餅・散銭の儀または棟札奉祀の儀

　これらの儀式は長時間を要する．式の厳粛さを維持しやすい時間に納めるため略式の所作が考え出された．

　略式ではこれらの儀式を省き，幣串を棟木に取付けるだけの場合がある．また棟木の建込みは，あらかじめ取付けておいて，棟木取付けの所作をするだけとすることがある．その場合行事場は地上に設け，棟部分には所作のため足場を組む程度にとどめる．上棟式で準備するものは正式には幣串・棟札・弓矢・曳綱・振幣・槌などがある．略式では，幣串・棟札のみの場合が一般的である．

木造伝統建築の上棟式

一般に神社，仏閣などの上棟式は，古式にのっとり正式な儀式となる．そして伝統に明るい建築主が主導して行われる．

祭式の種類 / 祭神	地鎮祭	安全祈願祭	起工式	立柱式	上棟式	定礎式	修祓式	竣工式
大地主神	○							
産土大神	○	○	○	○	○	○	○	○
手置帆負命			○	○	○			
彦狭知命			○	○	○			
屋船久久能知命				○	○	○		○
屋船豊受姫命				○	○	○		

●祭神の参考例　＊（注）上棟式の祭神は立柱式，定礎式と同じ．

第3章　上棟式

棟札の起源

棟札の古例には諸説があるが，その代表的なものを記す．

(1) 701年説

701年（大宝元年）のものがあった．ただし近世の偽作との疑いを持つ鑑定者もいる．

(2) 730年説

730年（天平3年）伊勢の国の式内社に伝わるものが現存する日本最古のものとする説である．

谷川士清(ことすが)（1709～76年）が編んだ「和訓栞(わくんのしおり)」という国語辞書に，伊勢の国の殖栗(うえくり)神社に730年（天平3年）の棟札があると記されている．

(3) 1122年説

1122年（保安3年）説は，中尊寺の棟札を発見された最古のものとする説である．中尊寺は奥州藤原氏が京都文化を移植した所である．このことから京都でも棟札の習慣はあったようだ．

3 棟札の事例

棟札とは，上棟の時に工事の概要などを墨書きし，後世への記録とする檜の板札のことである．

棟札の取りつけ方は，式終了後，棟木に麻苧(あさお)などで取りつけ，釘打ちはしない．位置は，棟札の表が南向きになるように置く．

現在使われている棟札の一般的な形式を下図に示す．かなりの大きさとなるため，実際には適宜にその大きさを変えている．

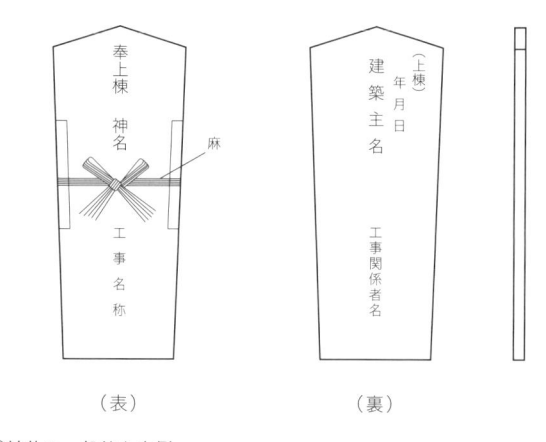

（表）奉上棟　神名　工事名称　麻
（裏）(上棟)年月日　建築主名　工事関係者名

● 棟札の一般的な事例
[全長] 3尺，[上の幅] 1尺2寸，[下の幅] 1尺，[厚さ] 1寸

棟札の意義については，後日造営の日時や関係者などを知ろうとする場合，最もよい資料となる．それで昔から建築物の記録を残しておくために用いられてきた．後世への記録ともなり，建築を文化史的，技術史的に理解する有力な資料となる．

次ページに棟札のその他の事例を示す．

1　上棟式について

第3章 上棟式

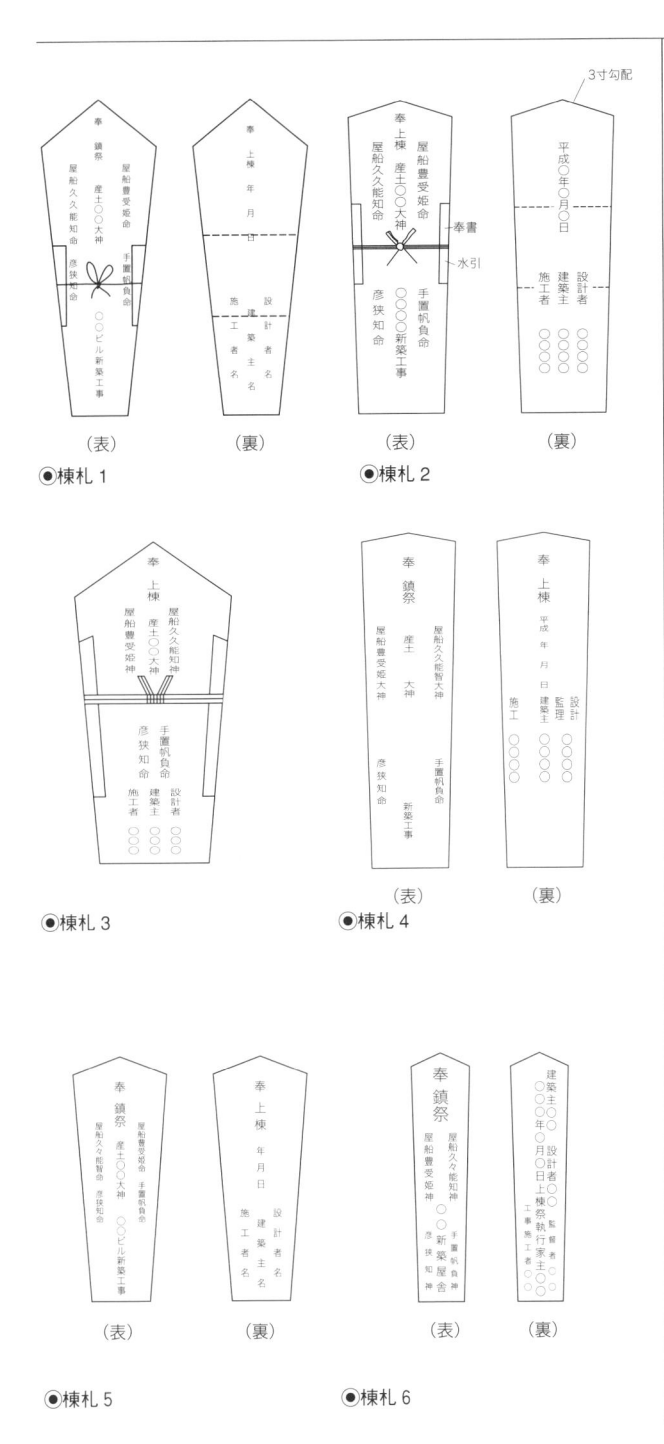

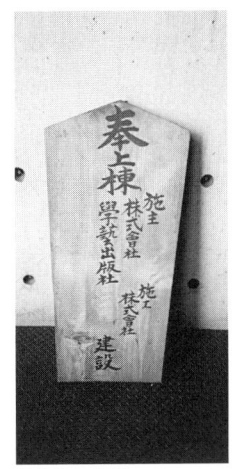

●棟札1　●棟札2

●棟札の実例

●棟札3　●棟札4

棟札の記入事項

棟札は表と裏に記入面がある．
（1）表面
・祭神名
・趣旨名（新築，再建，増築，葺替など）
・地名
・家屋名など
（2）裏面
・上棟の年月日
・神職名
・建築主を始め，工事関係者名など

●棟札5　●棟札6

● 4　幣串の事例

幣串とは，上棟式の時，神籬の後のところに立てておく幣で幣束とも言う．3本立てる場合には三棒とも言う．

　幣串は，幣芯，幣，五色絹と麻苧，扇車で構成されている．現在使われている幣串の一般的な形式を，正式・略式の2通りで下図に示す．

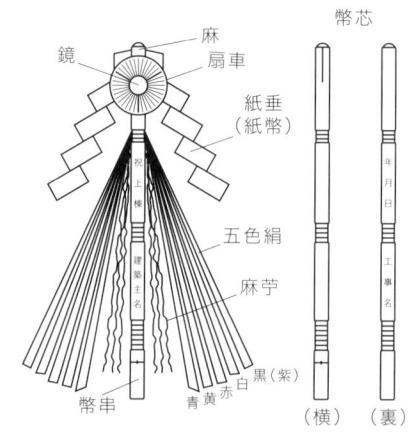

幣芯とは

串つまりは，檜の棒で作られ，これに下から墨で七・五・三の横筋を入れ，奉書で巻いて水引をかける（水引は，赤が右，白が左）．なお，この棒の上端には，白紙の幣がはさめるように鋸引きをしておく．

幣とは

紙垂のことで，奉書または白半紙で作った紙片．四手あるいは四垂とも書く．紙幣と記すこともある．

五色絹・麻苧とは

五色絹は幣串に取りつけられた5色の布のことで，左右双方とも中心から外側に向かって，青，黄，赤，白，黒（紫）の順に垂らす．麻苧は，麻の繊維から取った糸で，五色絹の外に適当数量垂らす．

●正式な幣串の一般的な例　　全長……12尺／角の寸法……3寸角

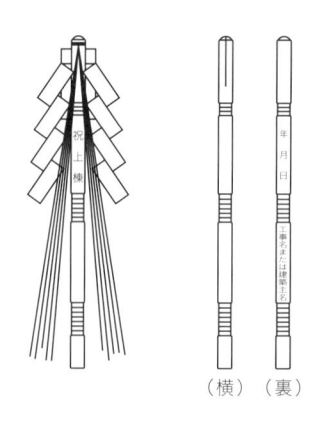

●略式の幣串の一般的な例　　全長……4尺／角の寸法……2寸角

幣串のその他の事例を下図に示す．

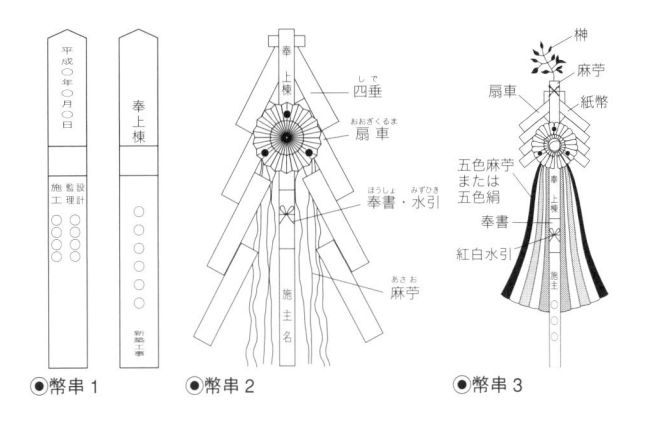

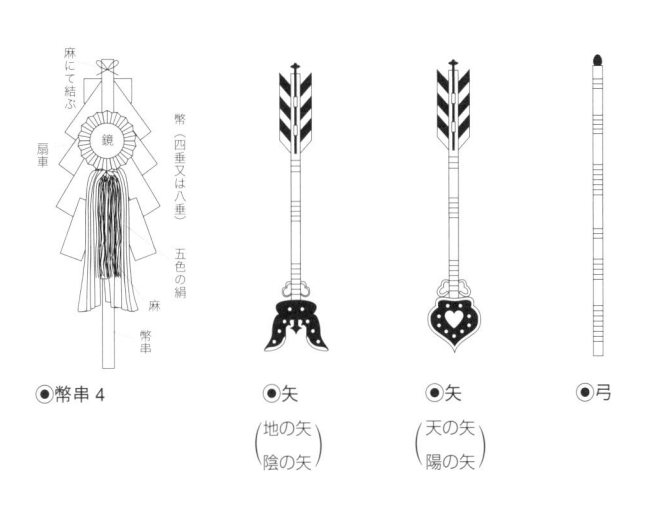

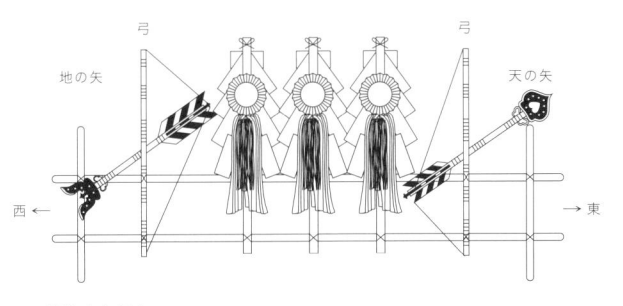

●幣串1

●幣串2
- 奉上棟
- 四垂
- 大扇車（おおぎくるま）／扇車
- 奉書・水引（ほうしょ・みずひき）
- 麻苧（あさお）

●幣串3
- 榊
- 麻苧
- 扇車
- 紙幣
- 五色麻苧または五色絹
- 奉書
- 紅白水引

●幣串4
- 麻にて結ぶ
- 扇車
- 鏡
- 幣（四垂又は八垂）
- 五色の絹
- 麻
- 幣串

●矢（地の矢／陰の矢）

●矢（天の矢／陽の矢）

●弓

●幣串と弓矢　本章3－2参照
- 弓
- 地の矢
- 天の矢
- 西← →東

第3章　上棟式

扇車とは

下図のように白扇3本を拡げて，これを円形に紅白の水引で結びつけ，その真ん中に鏡を取りつけたものである．鏡は普通金属製で鏡面にニッケルメッキをしたものを使う．大きさは直径8寸ないし1尺程度のものであるが，この大きさは適当と思われるものでもよい．

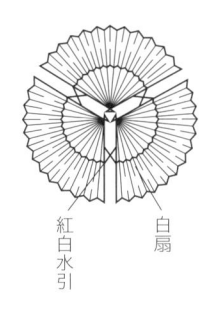

- 白扇
- 紅白水引

弓矢

木造建築の場合，祭壇奥に幣串を3本立て，左右に弓矢（天と地の弓矢）を飾ることがあるが住宅などでは省略されることが多い．弓矢は不祥を祓い除くものと考えられていた．

▶ 2 ◀ 上棟式の式次第

上棟の儀

上棟の儀

正式には，屋上に祭場を設けて，棟上げを行う儀式であるが，この慣習は大きく変化し，略式化されている．また，木造と鉄骨造とでは異なったスタイルの上棟行事が行われる．上棟行事を祭場外で行った後，再び参列者は祭場内に戻り，次の儀式の玉串奉奠に移る．

上棟の儀と上棟行事

上棟の儀は，
- 棟札，幣串の授与
- 上棟行事

にて構成される．
したがって，上棟行事は上棟の儀の一部である．木造の場合の上棟行事は，本章1―2参照．鉄骨造の場合は，清祓(きよはらい)の儀，鋲鋲(こうびょう)の儀，曳綱の儀，久寿玉(くすだま)開き，棟木納め，槌打ちの儀などがある(本章4―1参照)．

● 1　概要

上棟式の式次第について，「上棟の儀」のところ以外は他の祭式と同じである．上棟の儀は，棟札・幣串の授与および上棟行事にて構成される．

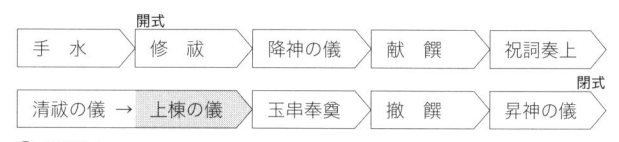

```
         ┌開式─────────────────────┐
 手 水 → 修 祓 → 降神の儀 → 献 饌 → 祝詞奏上
                                    ┌閉式─┐
 清祓の儀 → 上棟の儀 → 玉串奉奠 → 撤 饌 → 昇神の儀
```

● 式の流れ

```
上棟式式次第
一、開　式         一同着席
一、修　祓         一同起立
一、降神の儀       一同起立
一、献　饌
一、祝詞奏上       一同起立
一、上棟の儀
一、玉串奉奠
一、撤　饌
一、昇神の儀       一同起立
一、閉　式         一同退出
```

● 上棟式式次第

　上棟式が地鎮祭と趣きを異にする点は，職方が祭式に参加することである．

　上棟の儀と玉串奉奠には職方が加わり，棟梁を中心とした古来からの祭式の特徴が継承されてきた．

　上棟の儀は本来木造建築における儀式である．鉄骨造では，前述の通り形を変えた儀式が行われている．鉄筋コンクリート造の場合は，上棟行事を省略するのが一般的であるが，前述の通り上棟式そのものを省略することが多い．

◉2　木造建築の場合

木造建築における正式の式次第では，地鎮祭同様に祭壇を設け，儀式を執り行う．ただし，総じて木造建築は，住宅など小規模なものが多く，簡略化されている．

　正式な上棟式では，前ページに記した式次第に沿って執り行われる．上棟の儀における上棟行事では，前述の棟木を棟に曳き上げる「曳綱の儀」，棟木を棟に打ち固める「槌打ちの儀」，餅や銭を散じて災禍を祓う「散餅・散銭の儀」の3つの儀式が執り行われる．ただし，今日では，特殊な場合以外ほとんど行われていない．

　祭壇は地鎮祭と同等または簡略化したものとなる．神職を招かず施工責任者が中心となり，儀式を執り行うこともある．

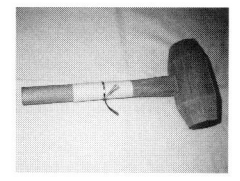

◉木槌
柄に水引がかけられている．古来からの慣習として結ぶという行為そのものが，魂・真心を入れることであり，結ばれたものは，特別に心のこもったものとして扱われて来た．

◉餅
散餅は，紅白あるいは白の小餅とする．神饌の餅は鏡餅なので，餅も目的により使い分けられる．また地方により「棟上げ餅」にも独特の風習がある（本章3－3参照）．

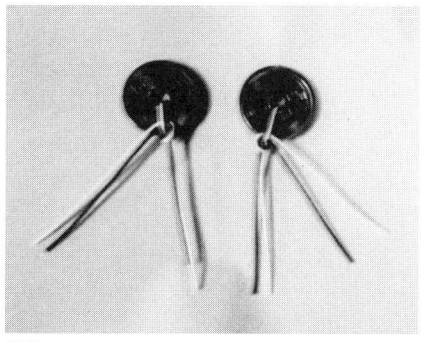

◉銭
散銭は，穴あき銭を金銀にめっきし，2枚を1組として紅白の細い紙紐で穴を通してくくるのであるが，略して5円硬貨と50円硬貨を1枚ずつ紅白の紐で結んで用いることもある．

▶ 3 ◀ 上棟行事場

振幣台

● 1 概要

上棟行事は，祭場の外に設けられた上棟行事場で執り行われる．鉄骨造では通常，地上のみで行事を行い，鉄筋コンクリート造では行事を行わないのが一般的である．

祭式の神事は祭場で行い，上棟の儀に進んだところで，神職および参列者は，屋外の行事場へ移動し，行事が執り行われる．鉄骨造の場合，上棟の儀の最後の棟木納めの儀で，実際に鉄骨梁を吊り上げる．吊り上げる鉄骨梁は，久寿玉で飾られ参列者からよく見えるように一段高くしたステージのような場所に設置されるのが一般的である．

棟木納めの儀

鉄骨造の上棟行事において，鉄骨梁を最上階へ向かって吊上げる上棟の儀の最後の儀式のこと．

```
祝上棟　○○○○○○○
        鉄骨梁
```

振幣台

行事場の要の位置に置かれ，ここで振幣役の作業所長が，建物の永遠の繁栄を願い「千歳棟」「万歳棟」「永々棟」と発声する．

●振幣台と振幣役

●棟木納めの儀の鉄骨梁

● 2　木造建築の場合

正式には，棟部分と地上に行事場を設け，双方を結ぶ階段を設置することになる．ただし，最近では地上だけに行事場を設ける簡略化したケースが多い．

　棟部分は棟梁が槌打ち行事などを行うための足場を設ける．この行事場で，前述した3つの儀式，曳綱の儀，槌打ちの儀，散餅・散銭の儀が執り行われる．

　ただし，槌打ちの儀を棟部分で行うことは危険であるので，棟木に代わる角材を祭場内の床の架台の上に置き，この角材に対して槌打行事を行うこともある．

● 3　個人住宅の地方色

個人住宅の上棟行事には，地方による特色がある．

　古来から棟上げといえば，棟梁や職方にとって，これまでの無事と建物の形が出来あがってきたことを喜ぶという意味あいがあり，神事では「散餅・散銭の儀」と言って餅と硬貨をまく習慣があった．この餅を「棟上げ餅」と呼ぶ．

　その他，地方によって独特の風習がある．

山形県・山口県	餅と共に5円玉を家主の歳の数だけまく．
長野県	設計者と家主が紅白餅と50円玉をまく．
岡山県	「すみ餅」といわれる家の四隅に供える鏡餅にお金を入れることが多く，上棟式でこれをまく．
茨城県	上棟式でまく紅白餅を親戚がお祝いに用意する．
群馬県	設計者が棟で祝詞を唱えてから「ぐし餅」をまく．
和歌山県	上棟式後，大小の餅をまく．
宮崎県	家の角には「すみ餅」を供え，後からまく．
石川県	金沢市では上棟式に天狗に対する厄除けとして棟柱に塩サバを吊る．後日これをはずし工事関係者をもてなす．
福島県	藁や木で作った水の文字に似せた竜などを棟木につける．

●個人住宅・上棟式に見られる地方色

棟部分の行事場の例

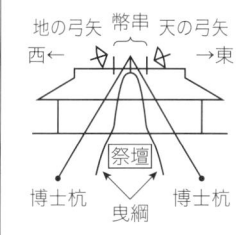

博士杭は中央に1本打つ場合もある．

博士杭（はくしぐい）

4～5寸角程度の檜の杭に，7,5,3の太墨の線を入れたもの．地上3尺，地下2尺．

棟木祓の儀

神職が三方より切麻を取り，まず棟木の元の方（向かって右側）に向かい，仰いで左右左と祓う．次に棟木の末の方（向かって左側）に向かい，同様に祓う．

曳綱の儀（木造建築）

棟木を棟に曳き上げる儀式であるが，この儀式を行う場合は「棟木祓の儀」は行わない．

槌打の儀（木造建築）

棟木を棟に打ち固める儀式である．

散餅・散銭の儀（木造建築）

餅や銭を散じて災禍を祓う儀式である．

▶4◀ 上棟の儀

祭場と行事場

上棟行事のセレモニー化

上棟行事はあくまでも神事であるが久寿玉開きなどが混在する場合がある．そのような時にでも神事の厳粛な雰囲気が保たれるよう配慮する．

◉1 鉄筋コンクリート造，鉄骨造の場合の儀式と要領

鉄筋コンクリート造では，式場での棟札・幣串の授与が行われる．鉄骨造では引き続き，祭場の外に設けられた行事場で上棟行事が行われる．

区 分	所 役	所作・要領
棟札の授与 ↓ 幣串の授与	神職	建築主から鳶職までの受渡しリレーが行われる． 祭壇に置かれている棟札を神職が，建築主へ渡す．建築主は設計者に渡し，設計者は施工者（代表）に渡す．施工者（代表）は作業所長へ，作業所長は鳶職へ，鳶職は祭場を出て行事場の所定の位置に設置する．次に幣串の授与が行われる．
●棟札の授与		●幣串の授与
（上棟行事場へ移動→鉄骨造の場合の上棟行事）		
清祓の儀	神職	棟木，用具案を祓う． 神職が大麻，切麻で棟木（鉄骨梁）を祓い，次に，鉸鋲の儀以下の行事で使う用具案を祓う．用具案には，ボルトナット，スパナ，ハンマーが置かれている．

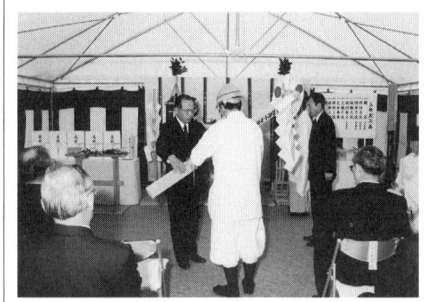

◉上棟の儀における儀式

区　分	所　役	所作・要領
鉸鋲の儀 (こうびょう)	施工者 代表	［ボルトナット入れ］ 施工者代表は，司会者より名前を呼び出されたら，神職の前に進み，一礼して三方を受取り，補佐役に渡す．次に補佐役の先導で鉄骨梁の前に進み，三方より金ボルトを取出し梁の右側へ，さらに銀ボルトを取出し梁の左側へ仮付けする．次に補佐役の先導で神職の前に進み，補佐役より三方を受取り神職に渡し，一礼して所定の位置に戻る．
	設計者	［ボルトナット締め付け］ 設計者は，施工者と同じ要領で三方を受取り，補佐役の先導で，鉄骨梁の前に進み，三方より金スパナを取出し，金ボルトをさらに銀スパナを取出し，銀ボルトを三回回して締め付ける．終われば，補佐役の先導で神職に三方を渡し，所定の位置に戻る．
	建築主	［鉸鋲の検知］ 建築主は，施工者代表，設計者と同じ所作で，鉄骨梁の前に進み，三方より金ハンマーを取出し，金ボルトをさらに銀ハンマーを取出し，銀ボルトを軽く三回たたく（「締め付けよし」と言う場合もある）．終われば，施工者代表・設計者と同じ所作で所定の位置に戻る．
		●清祓の儀　　　　　　　　　　　●鉸鋲の儀［ボルトナット締め付け］
曳綱の儀		司会者が「右曳綱」と言い，建築主の名前を順次読み上げると，読み上げられた参列者は全員で右側の綱を持つ．続いて司会者が「左曳綱」と言い，設計者，施工者の名前を順次読み上げると，読み上げられた参列者は全員で左側の綱を持つ．続いて司会者が「振幣授与」と言い，作業所長の名前を読み上げると，作業所長は一礼して神職より振幣を受取り，所定の位置に進み，「エィエィエィ」と発声．補佐役は「オー」と発声し「エィエィエィ」と参列者全員で三回掛声を出し，綱を曳く．この所作を計三度繰返す．
久寿玉開き (くすだま)	建築主	司会に名前を読み上げられた建築主は，久寿玉の所に進み補佐役から紐を受け取り，司会の合図で紐を引く．
棟木納めの儀		鉄骨梁をクレーンで巻き上げ，司会者の司会で，全員で拍手をする．
槌打ちの儀 ＊（注）	（施工者 代表）	振幣役の「千歳棟」という発声に応じ，槌打ち役は「オー」と応えて，槌で棟木を打つ．続いて「万歳棟」「永々棟」に応じて同じ所作をする．

●上棟の儀における儀式　　＊（注）槌打ちの儀は，本来木造の儀式だが，鉄骨造でも施工者代表が所役となり，槌打ちの所作を行うことがある．槌打ちの儀を行わないときは，曳綱の儀のときに「千歳棟」と発声．

第3章　上棟式

● 2　鉄骨造の上棟の儀の流れ

棟札・幣串の授与は祭場内で執り行われ，上棟行事は屋外の行事場で執り行われるのが一般的である．

1	棟　札　の　授　与	
① 神職から建築主へ	② 建築主から設計者へ 設計者から施工者代表へ 施工者代表から作業所長へ	③ 作業所長から鳶職職長へ

2	幣　串　の　授　与	
④ 神職から建築主へ	⑤ 建築主から設計者へ 設計者から施工者代表へ 施工者代表から作業所長へ	⑥ 作業所長から鳶職職長へ

3	清　祓　の　儀　→　鉸鋲　の　儀	
⑦ 神職による棟木祓	⑧ 施工者代表によるボルトナット入れ 設計者代表によるボルトナット締め付け	⑨ 建築主による鉸鋲の検知

4　上棟の儀

第3章 上棟式

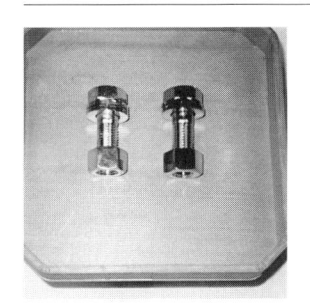

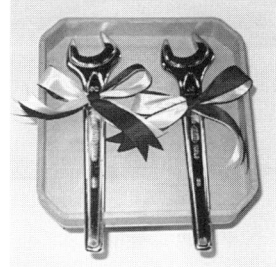

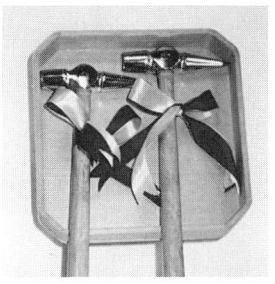

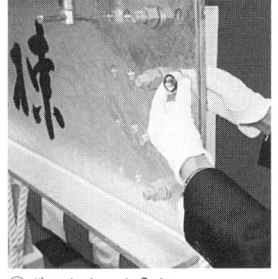

●ボルトナット入れ　　●ボルトナット締め付け　　●鋲鋲の検知

4	曳　綱　の　儀	
⑩ 右曳綱は建築主	⑪ 左曳綱は設計者と施工者	⑫ 振幣役の作業所長の発声 「エィエィエィ」

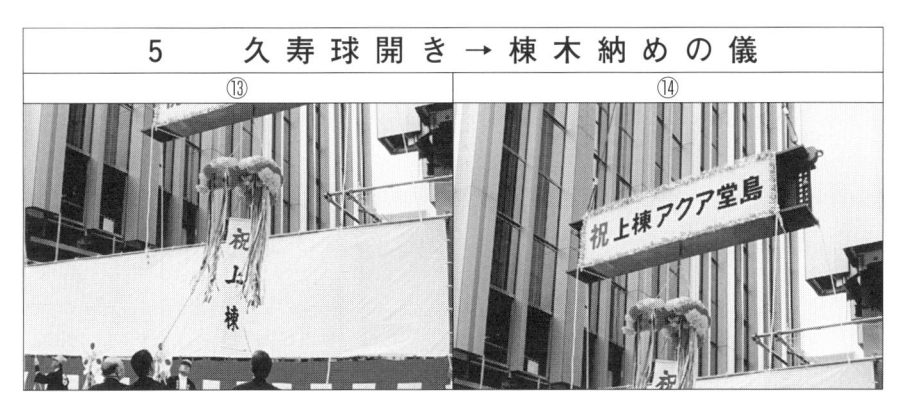

5	久寿球開き → 棟木納めの儀
⑬	⑭

◆ 棟上げ式余話

棟上げ式は「上棟式」と称し，建築工事の祭式の中では木造建築においてもっとも重要な儀式である．

別名「むねあげ祭り」ともいい，本来は匠の技を使う職方が伝えてきた神事である．地鎮祭は省略しても上棟式は必ず行う建築主もいるようだ．

ここでは個人住宅の場合について記しておきたい．

棟上げは，木造の骨組が一気に出来上がる最大の慶事だ．職方はこの日を仕事の山場と定め，仕事に精を出して来た．

木造建築物の場合には，設計者は参列者一同に対して軸組材の材種・寸法・使用位置・継手の補強法などの概略を簡潔に説明しよう．長過ぎないように……（あとに祝宴が控えている）．それと，施工会社にとっては工事代金の3分の1がもらえる嬉しい日となる．

すべての人にとって慶事である．慶事だから建築主が祝儀をはずむとさらに喜ばれる．

建築工事の始まる前に，工事担当者はたいてい「祝儀は不要ですよ」と言うが，多くの場合これはお愛想である．感謝の気持を形にしよう．

建売住宅ならともかく，個人住宅では棟上げ式を挙行するのが一般的と言える．

職方は，棟上げ式を一つの目標と定め仕事をして来た．今後は完成に向かって仕事を続けて行く．したがって建築主が職方を慰労する貴重な機会として，相応の祝儀を気持ちよくはずむと，その後の工事に当る職方の気持ちにもはずみが出るであろう．

棟上げ式の当日は職方の数が多い．

さらに，設計者・施工会社社長・営業担当者も顔を出す．祭りごとには人が集まる．人が集まってくるからこそ祭りである．建築主は，祝儀の金額を決めなくてはならないが，あらかじめ施工会社担当者と相談しておくのが無難である．

建築主から一括して棟梁に渡すのも一つの方法である．棟梁に花を持たせれば棟梁の喜びは倍増しよう．設計者・施工会社の工事担当者には，当人の日当の半日分ぐらいを目安にする．棟梁は1～2日分をはずむ．一般の職方衆は日当の3分の1ぐらいが目安となるようだ．このように建築工事関係者に対する祝儀の総額は相当の金額になる．

　この時だけは，建築主はお施主さんと呼ばれる大金持ちの気分になれる．人は一生のうちに施主になるのは，たったの一度か二度しかないのが普通だから，その意味でも気前よくしたいものである．

　さらに建築主が棟上げを終えた現場で，ささやかであっても宴席を設けると喜びが倍増する．

　最近の職方は車で通ってくるから，酒・ビールの量は少しでよいし，料理も簡単なものでよい．煮物一品に建築主の手づくり料理があれば，職方は暖かみを感じるものだ．

　近所に対する気配りも必要だ．工事中は振動や騒音などで迷惑をかけているので，紅白のまんじゅうなどを配って工事中の不快感を少しでも和らげてもらえれば，今後の近所付合いによい影響をもたらすことにもなろう．この宴席で，歌の一つも出てくれば大いに盛り上がる．

　棟上げ式をしなかったからといって，職方はその後の仕事の手抜きはしない．また棟上げをしたからといって，職方が最高級の仕事を保証するわけでもない．ただ「いい仕事をするぞ」という気持ちが自然に湧き上がって来るものだ．祝儀によって職方の活力と向上心が高められる．このような棟上げの慣行は江戸時代から続いて来た．これを日本の醇風美俗を表す大切な民俗行事とわきまえ，後世へのかけがえのない慣行として大切にしていきたい．

▶5◀ 立柱式について

柱

● 1　概要

立柱式の参列者

来賓を招かず, 建築主・工事関係者だけの内輪で行うことが多い.

立柱式は, 立柱祭とも言われている.
古来より, 新築建物の柱が初めて立つということは, 建築主を始め工事関係者にとって大きな喜びであった. 現在, 木造では社寺建築, 一般建築では鉄骨造において立柱式が執り行われている.

　立柱式は, 基礎工事が完了して柱を立て始める時, 柱を建て固め建物の永遠堅固を祈願する儀式である. 鉄筋コンクリート造の場合は行われない. 木造建築の場合は特殊なので本書では省略し, 鉄骨造のケースを以下に解説する.

　立柱式を行う柱は建物の重要な柱とするが, 祭場などの配置も考えて決める. この柱の周囲には斎竹(いみだけ)を立て, 立柱行事場として注連縄(しめなわ)を張り巡らす. 鉄骨造における立柱の儀に準備すべき祭具は, ボルト, ナット, スパナ, および検知用の槌 (ハンマー) がある. ボルト, ナットは金銀のめっきをスパナと槌は銀めっきを施し, 紅白のリボンを結んでおく.

祭式の種類 祭神	地鎮祭	安全祈願祭	起工式	立柱式	上棟式	定礎式	修祓式	竣工式
大地主神(おおとこぬしのかみ)	○							
産土大神(うぶすなのおおかみ)		○	○	○	○	○	○	○
手置帆負命(たおきほおいのみこと)				○	○	○		
彦狭知命(ひこさしりのみこと)				○	○	○		
屋船久久能知命(やふねくくのちのみこと)				○	○	○	○	
屋船豊受姫命(やふねとようけひめのみこと)				○	○	○	○	

●祭神の参考例　＊ (注) 立柱式の祭神は上棟式, 定礎式と同じ.

● 2　立柱式の式次第

立柱式の式次第について，「立柱の儀」のところ以外は他の祭式と同じである．

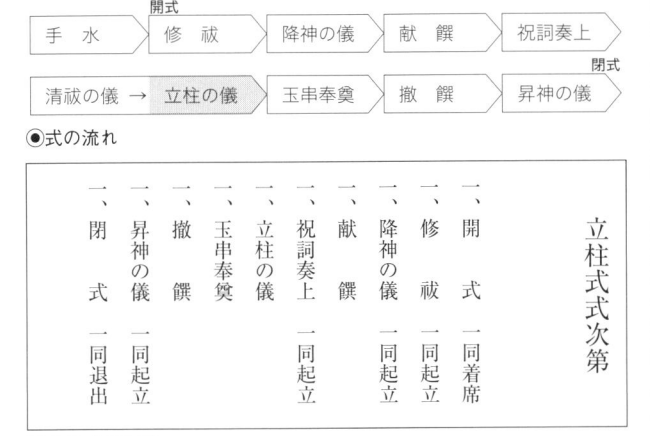

```
手水 → 修祓(開式) → 降神の儀 → 献饌 → 祝詞奏上
清祓の儀 → 立柱の儀 → 玉串奉奠 → 撤饌 → 昇神の儀(閉式)
```

● 式の流れ

立柱式式次第

一、開　式　　　一同着席
一、修　祓　　　一同起立
一、降神の儀　　一同起立
一、献　饌
一、祝詞奏上　　一同起立
一、立柱の儀
一、玉串奉奠
一、撤　饌
一、昇神の儀　　一同起立
一、閉　式　　　一同退出

● 立柱式式次第

● 3　立柱の儀

参列者は，儀式が「立柱の儀」に進むと，いったん祭場を出て，立柱行事場へ移り立柱行事が行われる．

立柱行事

儀式の内容は，鉄骨造の上棟の儀における鋲締の儀と基本的に同じである．施工者・設計者・建築主各代表が順に所役を務める．

区　分	所　役	所作・要領
清祓の儀	神職	立柱行事を行う柱を祓う．
鋲締の儀（金鋲）	施工者代表	［ボルトナット入れ］ 施工者代表は，神職よりボルト，ナットを受取り，まずボルトを鉄骨の穴に差込み，次にナットをボルトに差込む．後，所定位置に戻る．
	設計者代表	［ボルトナット締め付け］ 設計者代表は，神職よりスパナを受取り，ボルトを3回締める．締め終わったらスパナを神職に返して，所定位置に戻る．
	建築主代表	［鋲締の検知］ 建築主代表は，神職より槌（ハンマー）を受取り，鋲頭を3回たたく．槌を神職に返して，所定位置に戻る．
（銀鋲）	金鋲と同じ	金鋲と同じ

▶6◀ 定礎式について

いしずえ

●1 概要

定礎式は定礎祭とも言われている．本来は建物の基礎の礎石を据える儀式であった．現在では通常，建物正面玄関近くの壁に定礎箱を入れ定礎石でふたをしている．

　定礎石は，普通，花崗岩などが用いられる．

　竣工式に先立ち定礎石を祓って済ませることもある．定礎箱は，建物建設時の情報を後世に遺し伝える目的で，次に示すような収納品を納めるため銅もしくは腐食しにくい特殊鋼で作られている．

　通常収納品目録が添付され，収納品は収納前に写真撮影される．

いしずえ

柱を受け，土台を置くための石を言う．

定礎式の起源

明治末年頃から西洋建築に伴って伝えられた儀式である．
石やレンガの工事では，まず所定の隅に基準となる礎石が据えられ，建築全体はこれによって規制される．もともと現実的必要から生まれたものである．

・定礎銘板（建築概要）
・氏神の御札
・建築図面
・完成予想図・模型写真
・定款
・業務概況表・営業報告書
・当日の主要新聞
・パンフレット・各種営業案内
・貨幣（硬貨がよいが全通貨の場合もあり）
など

●定礎箱収納品一覧

●定礎箱収納品

● 2　定礎式の式次第

定礎式の式次第は「定礎銘披露」および「定礎の儀」のところ以外は，他の祭式と同じである．

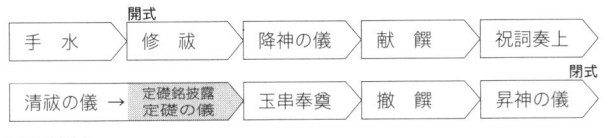

```
開式
手水 → 修祓 → 降神の儀 → 献饌 → 祝詞奏上
                                        閉式
清祓の儀 → 定礎銘披露／定礎の儀 → 玉串奉奠 → 撤饌 → 昇神の儀
```
● 式の流れ

定礎式式次第

一、開式　　　　　　一同着席
一、修祓
一、降神の儀　　　　一同起立
一、献饌
一、祝詞奏上　　　　一同起立
一、定礎銘披露
一、定礎の儀
一、玉串奉奠　　　　一同起立
一、撤饌
一、昇神の儀　　　　一同起立
一、閉式　　　　　　一同退出

● 定礎式次第例

定礎の儀では，祭場を出て定礎行事場にて定礎行事が執り行われる．

祭神＼祭式の種類	地鎮祭	安全祈願祭	起工式	立柱式	上棟式	定礎式	修祓式	竣工式	落成式
大地主神（おおとこぬしのかみ）	○								
産土大神（うぶすなのおおかみ）	○	○	○	○	○	○	○	○	
手置帆負命（たおきほおいのみこと）				○	○	○			
彦狭知命（ひこさしりのみこと）				○	○	○			
屋船久久能知命（やふねくくのちのみこと）					○	○		○	
屋船豊受姫命（やふねとようけひめのみこと）					○	○		○	

● 祭神の参考例

定礎式挙行の時期

定礎式は，一般的には工事期中の行事で，躯体工事が終わり仕上工事に移行する時期に挙行する．ただし，工事中は儀式をせず竣工式の時に定礎の儀を合わせて行うケースが多い．

定礎の儀と竣工式

工事中に定礎式を行わず，竣工式で定礎の儀を合わせて行うケースでは，収納品を会場に陳列し公開する場合もある．

鉄筋コンクリート造と定礎式

定礎式の銘板は上棟式の棟札に当たる．定礎式は鉄筋コンクリート造建築では，重要な意味を持つ祭式である．

● 3　祭場設営

定礎式の祭場は，定礎行事を行う定礎行事場を第一に考えて設営する．

　定礎行事を行う場所には斎竹を立て，注連縄を張り巡らす．さらに正式には紅白の除幕式用の幔幕を張る．

　定礎行事場の配置は，下図のように現場の段取りを考えて，設営しやすい方法が取られている．

●定礎式祭壇まわりの例
定礎箱・斎鏝・モルタル箱・水平器・垂直器・斎槌はそれぞれ1つずつの三方に乗せて，用具案の上に乗せる．

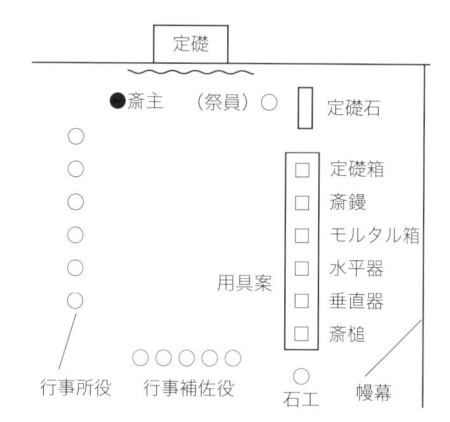

●定礎行事場配置例
行事補佐役が，用具案の横で，定礎面に正対している．

除幕設備（白布・紅白紐）	・儀式用または新品の実用品
斎鏝（またはいわいごて）	
斎槌（またはいわいづち）	
水平器	・新品の実用品
垂直器（下げ振り）	・檜の白木で現場に合わせ作成（下げ振りは新品）
モルタル箱	・檜の白木で現場に合わせ作成（モルタルまたは空練りモルタルを準備）
ハンダろう	
ハンダ付け用具	・新品の実用品
白手袋	

●祭具　定礎式に使う道具

●モルタル箱

●斎鏝

●斎槌

●水平器

●垂直器

第3章　上棟式

● 4　定礎の儀

定礎行事とも言う．定礎式の中心となる儀式である．

　定礎の儀に先立ち，祭場の祭壇前で定礎銘の披露を行う．その後，定礎銘板収納の儀，定礎銘板収納箱の封印が行われる．封印された定礎箱は，行事補佐役の手により，祭場を出て定礎行事場の用具案に納められる．

区　分	所　役	所　作
定礎銘披露	建築主代表	・定礎銘を奉読する． ・終って銘の写しを案上に納める．
定礎銘板収納の儀	建築主代表， 補佐役：建築主1名	・建築主代表および補佐役は用具案上の定礎銘板，収納品を定礎箱に納める．
定礎箱の封印	ハンダ工	・ハンダ工は作業台に箱を置いて封印を行う． ・神職は箱を用具案上に置く．

◉定礎銘披露（祭場）

定礎銘

定礎の辞とも言う．定礎式中の定礎行事の始めに，建築主が神前で奉読するので，別に奉書に書いた写しを用意しておく．

　次に斎主および参列者は祭場を出て，定礎石を取りつける行事場に移り，「開幕の儀」「定礎銘板鎮定の儀」から「斎槌(いみつち)の儀」までの一連の儀式が執り行われる．定礎の儀が終わると，再び祭場に戻り，玉串奉奠に移る．

◉開幕の儀

◉定礎銘板鎮定の儀

区　分	所　役	所　作
開幕の儀	建築主2名 （1名は補佐役）	・建築主1名は，礎石前にあらかじめ用意された紅白の紐を引き，白布の覆いを取る． ・補佐役は開幕後，落ちた白布を取り用具案上に置く．
清祓の儀	神職	・定礎石および定礎の位置を祓い清める．
定礎銘板鎮定の儀	建築主代表， 補佐役：1名（建築主）	・建築主代表は神職より定礎箱を受取り定礎石前に進み定礎箱を所定位置に鎮定する．補佐役は鎮定を補佐する． ・建築主代表は鎮定する際，次のような心中祈念を行う．「〇〇〇ビルディングを建つるこの地に鎮物を底津磐根(そこついわね)に鎮め奉る」
斎鏝(いみこて)の儀	建築主2名 （1名は補佐役）	・建築主1名は神職より斎鏝を，補佐役はモルタル箱を受取り，進み出る． ・補佐役は定礎箱鎮定個所にモルタル箱よりモルタルを注ぐ．次に建築主は斎鏝を持って左から右へ3度モルタルを敷きならす所作をする．
定礎石据付けの儀	作業所長	・作業所長は石工を指揮して，定礎石を所定の位置に据える．
水平検知の儀	設計者代表， 補佐役：1名（設計者）	・設計者代表は神職より水平器を受取り，定礎石の水平を検知する．
垂直検知の儀	施工者代表 補佐役：1名（作業所長）	・施工者代表は神職より垂直器を受取り，定礎石の垂直を検知する．
斎槌(いみつち)の儀	建築主1名	・建築主1名は神職より斎槌を受取り，定礎石前に進み，定礎石の左上端より逐次四隅を軽く三度ずつ打ち定礎石を打ち固める． ・終った後，参列者拍手．

●定礎の儀（定礎行事場）

●定礎の例　定礎石設置前
（定礎箱収納前）

●定礎の例　定礎石設置後
（定礎箱収納後）

第3章　上棟式

◆ 熨斗(のし)と水引(みずひき)

　日本には人に物を贈るとき水引をかけて熨斗をつける習慣があって，地鎮祭などの際の奉献酒にも付けられている．
　ここで，この「熨斗」あるいは「水引」の由来について触れてみたい．
　昔は人に贈る物と言えば，心を込めて造ったお酒と，それに魚を添えて贈るのが基本であった．四方を海に囲まれたわが国は古来魚に恵まれ，その鮮魚が後に「あわび」に代表されるようになってきた．したがって「のしあわび」を付けて贈ってきたものは，お酒でなくても酒の代りとみなされ，「熨斗」を添えると言うことは，心を込めて造ったお酒を贈ることを意味するようになった．贈答の精神はここに極まったと言ってよいだろう．一見無駄で虚飾のような「熨斗」が，実は「最も神聖で心のこもったお酒を贈るのだ」という心で人に物を贈ることを表している．
　次に「水引」であるが，包装した上にかける水引は一見無駄と思われる．しかし水引の結び目は心を結ぶことを意味する．この水引も日本人しか持っていないものである．
　以上のように熨斗・水引が表わしている人に物を贈る時の精神は今でも生き続けている．必ず付けなければならないとは言えないが，この気持は失われることなく次世代へ受け継がれて行くことを願いたい．この古代からの習慣は"日本人は心をきちんと保存するものなのだ"ということを，形を通じてわれわれに絶えず呼びかけてくれていると思う．
　「水引」は，単に贈答の精神を表わすだけでなく，建築工事の祭式に使われる祭具や収納物にも半紙に水引をかけることで，それらが心のこもったものとして扱われて来た．

熨斗の歴史

　天日干しにした「のしあわび」は，栄養価が高く保存が利くことから，中世には武家の出陣や帰陣の祝儀に用いられ，戦場の貴重な保存食となった．
　江戸時代には，長生き長持ちの印として重宝がられ，祝事や慶事の儀式に高価な贈答品として用いられるようになり，時代の移り変わりと共に「のしあわび」を和紙に包んだ形を「のし」と称して贈答品に添える習慣が定着した．

水引

　慶弔の儀式で贈答の習慣が定着すると共に，包んだ和紙を結び止めるものとして使用されるようになった．
　和紙を縒(よ)ってより状にし，よりが戻らないように水糊を引いて乾かし固めたことから，水引と称された．また，その形が注連縄(しめなわ)に似ていることから，神聖・清浄の意味を持つと言う．

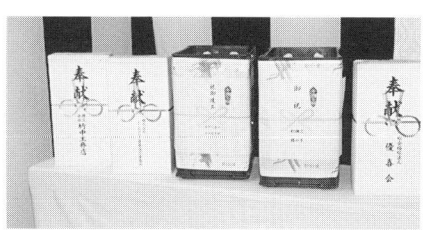

⦿奉献酒
通常,水引の型は統一されるが,このケースでは,中央が花結び,両端があわび結びになっている.中央の奉献酒には熨斗がつけられている.

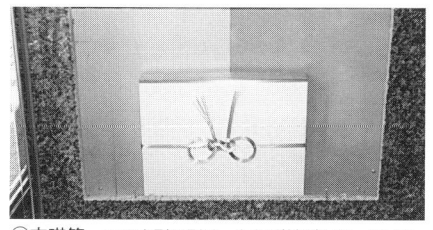

⦿定礎箱　この水引の型は,あわび結びとなっている.

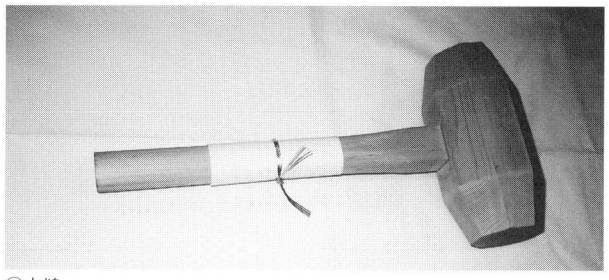

⦿木槌

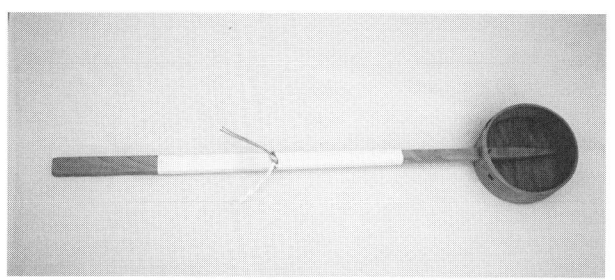

⦿柄杓

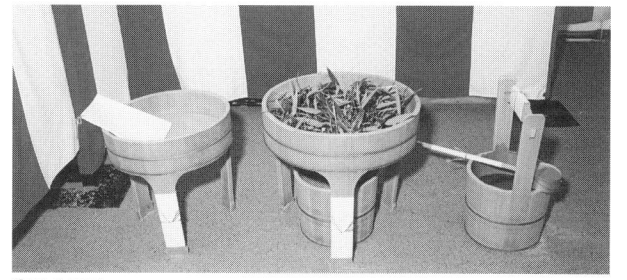

⦿手水用具
これらの水引の結び方は,結切りとなっている.

水引の型

- 花結び
  結び目が簡単に解けるので,「何度も繰返したい」との願いを込めて,一般の祝事や記念行事などに使われる.
- あわび結び
  結び目が複雑に絡み合っており,「いついつまでもよきお付合いを」との願いを込めて慶事と弔事の双方に用いられる.
- 結切り
  固く結ばれ解けないことを願い,慶事やお見舞いなどに用いられる.

水引の種類

金銀,赤白,赤金,黄白,黒白などがある.建築工事の祭式では,お祝い用として,金銀や赤白が使われる.赤金は,赤白と同格,黄白は主として,仏弔事に,黒白は葬儀用(京都を除く)として,使われるのが一般的だ.

第3章　上棟式

第4章　竣　工　式

1　竣工式について
2　竣工式の式次第
3　清祓の儀
4　祭式の会場の事例
5　落成式・
　　落成（竣工）披露

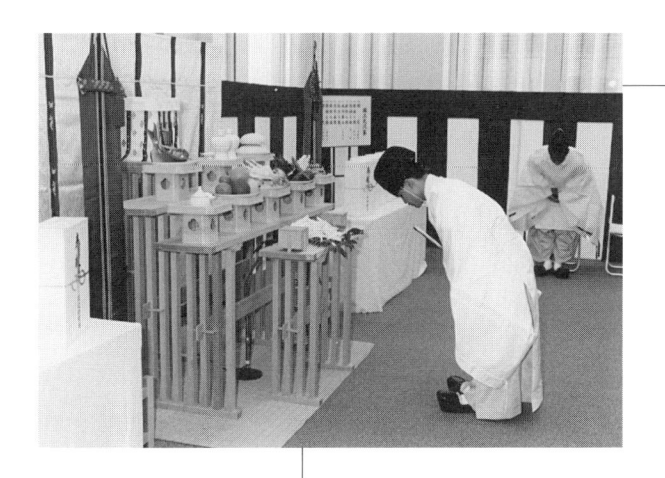

開式

祭場は竣工後の建物内に設営される．参列者全員着席のまま，司会が開式を告げ，「修祓（しゅばつ）」と発声すると，神職が，真新しい床を踏みながら祭壇に向かう．

清祓の儀

神職が祭壇に準備されていた切麻（きりぬさ）用の檜の唐櫃（からひつ）を取り，祭場を出て建物の入口部分などに切麻をまいて，祓い清める．

落成（竣工）披露

厳粛な神事を終え，工事の無事竣工を感謝し，関係者の労をねぎらう．同時に，竣工建物を多くの人々にお披露目する場である．

●竣工式・落成（竣工）披露

▶1◀ 竣工式について

柿落し（こけらおとし）

● 1　概要

建物の無事完成を神々に奉告し，その永遠堅固と建築主の弥栄（いやさか）を祈願する儀式である．

　建物の完成後，使用に先立ち執り行われる行事としては，修祓（しゅばつ）式と竣工式がある．このうち修祓式と竣工式はその意義が異なる．

　修祓式は清祓（きよはらい）式とも言われ，諸々の穢（けが）れを除き建物全体を祓い清める儀式である．竣工式とは，竣工祭ないしは竣工奉告祭とも言われる．着工以来，神の加護の下に建物が無事完成したことを感謝するとともに，新築建物の堅固安全と繁栄を祈願する儀式である．したがって，この儀式は修祓式（清祓式）が終ってから，すなわち建物やその付帯工事が完成して，もう使用してもよい時期に執り行う．

　しかし，この修祓式と竣工式の式次第はまったく同じであるため，多くの場合竣工式だけ行って，その中に修祓式の意義も込めた形式を取るケースが一般的である．

修祓（しゅばつ）式が行われるケース

事故があった場合に，清める意味で，修祓式（清祓式）が行われる．

●祭場

●祭壇

● 2　木造建築の場合

最近の木造建築で，古式に忠実に竣工式が執り行われるのは社寺建築ぐらいであり，その例は極めて少ない．

　木造建築における神宮・神社などの正式な「竣工式」は，「新殿祭」ともいわれ，一連の数多くの儀式のひとつとして古式豊かに執り行われる．たとえば伊勢神宮では，用材を山から伐り出す時から竣工まで24種類の建築工事の祭儀が行われる．

　しかし，これらの主要な儀式のうちでも，現在の木造建築で主に行っているのは，地鎮祭と上棟式が多い．個人住宅などではあまり竣工式は執り行われていない．竣工式が行われる場合「新宅祭(しんたくさい)」または「新室祭(にいむろさい)」などとも言われている．

　一般住宅の場合，玄関の入口の両側に立てた二本の斎竹に注連縄を張り，祭場は正室の床の間，または神棚のある部屋を選ぶのが一般的である．

竣工式の呼称

本章本節で記した竣工祭，竣工奉告祭，神殿祭，新宅祭，新室祭のほか，古くからの呼称として新室寿(にいむろほがひ)，柿落(こけらおと)しなどとも言う．

祭神 ＼ 祭式の種類	地鎮祭	安全祈願祭	起工式	立柱式	上棟式	定礎式	修祓式	竣工式
大地主神(おおとこぬしのかみ)	○							
産土大神(うぶすなのおおかみ)	○	○	○	○	○	○	○	○
手置帆負命(たおきほおいのみこと)				○	○			
彦狭知命(ひこさしりのみこと)				○	○			
屋船久久能知命(やふねくくのちのみこと)					○	○		○
屋船豊受姫命(やふねとようけひめのみこと)					○	○		○

●祭神の参考例　＊（注）竣工式の祭神は修祓式と同じ．

▶2◀ 竣工式の式次第

清祓

● 1　概要

竣工式の式次第については「清祓の儀」のところ以外は，他の祭式と同じである．

開式　　　　　　　　　　　　　　　　　　　　　
手水 → 修祓 → 降神の儀 → 献饌 → 祝詞奏上
　　　　　　　　　　　　　　　　　　　　　閉式
清祓の儀 → 玉串奉奠 → 撤饌 → 昇神の儀

● 式の流れ

竣工式式次第
一、開式　　　一同着席
一、修祓　　　一同起立
一、降神の儀　一同起立
一、献饌
一、祝詞奏上　一同起立
一、清祓の儀
一、玉串奉奠
一、撤饌
一、昇神の儀　一同起立
一、閉式　　　一同退出

● 竣工式式次第例

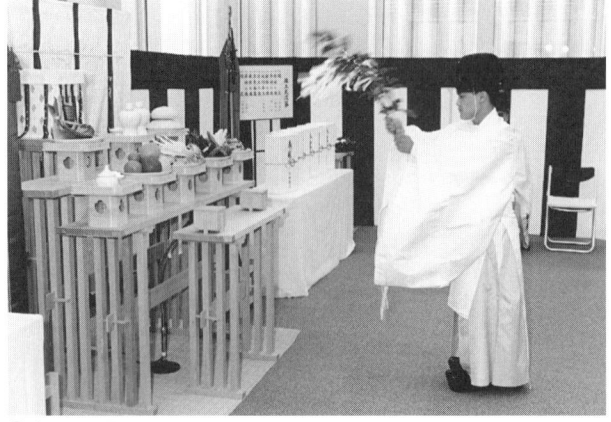

● 竣工式風景

▶ 3 ◀　清祓の儀

切麻散米

● 1　概要

「切麻散米の儀」とも言う．いわゆる新しく完成した建物のお祓いを行う儀式である．

地鎮祭では「鍬入れの儀」などの地鎮行事，上棟式では「棟木納めの儀」などの上棟行事がある．竣工式では清祓の儀がそれに相当する．

神職が祭場を出て，建物の入口部分や建物の心臓部ともいうべき重要な部屋および建築主の希望する場所へ出向き，お祓いをする．その所要時間は一般的に5分以内である．それ以上になる場合，司会者が参列者にその旨を告げることが望ましい．

● 清祓の儀風景

銀　行	金　庫
飲食店	厨　房
病　院	手術室
立体駐車ビル	駐車機械装置
一般ビル	エレベーター
住　宅	台　所

● 建築の重要な部屋や場所の例

第4章　竣工式

▶4◀ 祭式の会場の事例

配 置

●1 概要

竣工した建物内に，祭式の会場を設営するのが一般的である．

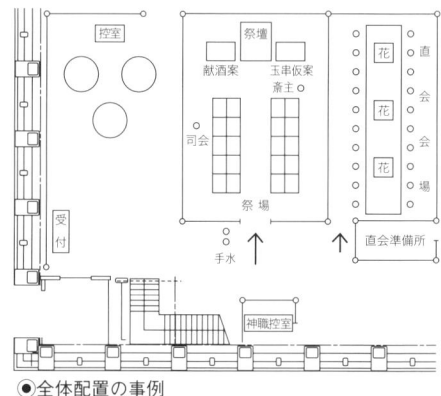

祭式の会場設営

竣工建物の規模や平面上の制約により，会場を複数のフロアに分散して行うこともある．

●全体配置の事例

上の図は竣工建物の内部で，祭式の会場を1ヶ所にまとめて設営した事例である．

配置がわかりやすく，竣工式の進行運営が容易で，参列者にもわかりやすい．

●竣工式控室

▶5◀ 落成式・落成(竣工)披露

感謝状・招待

◉1　概要

落成式は，竣工式に引き続き行われ，建築主が来賓や工事関係者を招き，工事の無事竣工を感謝して，関係者の労をねぎらう式である．落成（竣工）披露は，落成式の招待者や一般の招待者の方にも，新しい建物を披露し祝宴を行う．

　落成式は，建築主の取引先関係者や工事関係者，近隣の方々などを招いて行われる．

　この式中には，建築主および工事関係者の挨拶，来賓の祝辞などがある．

　また建築主より工事関係者に対して，感謝状と記念品が贈られるのが一般的である．

　竣工式と落成式の違いは，竣工式とは神々に対して感謝の意をささげるものであり，落成式は来賓や工事関係者に感謝する祭式で，参列者を祝宴に招待し，建物を披露することとなる．したがって，披露宴では，挨拶や祝辞など固苦しいことを行わないのが一般的である．このとき，新しい建物概要を紹介した「竣工パンフレット」を添えることが多い．

　「竣工パンフレット」には建物の外観をはじめ，代表的なインテリアの竣工写真を入れる場合があるから，その内容について施工者は建築主とよく協議し，外構，インテリア，家具工事を完了しておく．建築主は備品搬入を写真撮影に間に合うようにしなければならない．

竣工式・落成式・落成披露

一般的に竣工式は，建築主や工事関係者だけのごく内輪で執り行われる．落成式はそれに来賓が加わり，落成披露はさらに一般招待者を含めたパーティー形式で行われる．

また，落成式は竣工式の後，引き続き執り行われることが多いが，竣工式のような神事ではなく，世俗的な行事となっている．

ただし，落成式と落成（竣工）披露を一緒に行ったり，3つを一緒にしたような形式で行うケースもある．

2 落成式の式次第と落成（竣工）披露のプログラム

落成式は建築主の挨拶に始まり，万歳三唱で終わる．通常は行事は行われないが，建築主の意向で「鋏入（はさみいれ）」（テープカット）を行うこともある．

```
落成式式次第
一、開式の辞
一、建築主挨拶
一、来賓祝辞
一、工事経過報告
一、感謝状贈呈
一、謝辞
一、乾杯
一、万歳三唱
一、閉式の辞
```

●落成式式次第例　＊（注）「乾杯」が入るのは，落成（竣工）披露と合体されたケースである．

```
落成（竣工）披露プログラム
一、開会宣言
一、乾杯
一、歓談
一、アトラクション
一、閉会宣言
```

●落成（竣工）披露プログラム例

　落成（竣工）披露は，他の神事の祭式と比べ，形式ばらないのが特徴である．その点プログラムに創意工夫の幅がいる．落成式と落成（竣工）披露とが分離されているか合体されるかによって，落成式の式次第と落成（竣工）披露のプログラムが変わってくる．司会進行は，手慣れたプロの司会者に依頼することもある．

落成式の「鍵引渡し」

落成式で「鍵引渡し」を行うこともある．これは金めっきしたマスターキーにキーホルダーをつけて工事代表者より建築主代表者に引き渡す催しである．キーホルダーには工事名称・祭式名・年月日などを刻み，紅白のリボンをかけて引き渡す．

祝辞で避けるべき忌み言葉

火・煙・焼ける・燃える・倒れる・傾く・つぶれる・壊れる・崩れるなどの言葉は，使用を避ける．

落成披露に招かれた時のお祝い

披露の1ヶ月から1週間程前には，お祝いの品を直接持参して挨拶するのが望ましい．ただし，最近は当日持参のケースも多い．
お祝い品は絵画・彫刻・置物・時計・観葉植物など装飾品が一般的である．しかし，当人の意向もあるからそれとなく打診しておく．百貨店の商品券を贈る場合もある．

● 3　招待者とその対応

落成式の招待者のほか，一般招待者にも，新しい建物を披露することにより，親密な交誼と幾久しい後援を願うものである．

　日頃取引関係がないことから，地元の人々をつい忘れ勝ちとなるが，建設中の協力と今後の付合いに配慮した人選を行う．

　市（区）役所関係，町内会，警察，消防，税務署，近隣企業などを優先し人選する．無理に人数を絞り込むと招待もれがおきて印象を悪くすることがあるので，注意が必要である．

　建物の案内や説明，質問への対応が必要な場合もある．その場合は，あらかじめ見学順路を決め，説明資料を作っておく．

　パーティーに先立って落成建築物を招待者に見学してもらう場合には，見学の終わった人から順次会場に入ってもらえるように工夫する．受付から見学順路・会場入口・お開き口（出口）・記念品お渡し所に至るまで，全体の流れがスムーズに行われるように，それぞれを配置する．

● 感謝状贈呈

来賓祝辞の要点

・落成建築物の印象を率直に表現する．
・次代への躍進を祈る．
・慣用表現を押さえておく．
（例）
「数ならぬ私どもまでご招待に預かり」
「ここに竣工を見，ご同慶にたえません」
「永年のご苦心が報いられ」
「将来はまことに前途洋々たるものが」
「この竣工により確たる地位を固められ」

報道関係者招待

落成（竣工）披露では，その企業のイメージを印象づけ宣伝効果を狙った企画を立案することがある．その場合は報道関係者は，一般紙（誌）だけでなく，業界紙（誌），タウン紙，ミニコミ紙，大新聞の地域版なども対象に招待の有無を考える．また，PR効果を考え，参考資料を配ることもある．

● 4　会場設営

会場の正面に横一文字のタイトルを吊り，その下に演壇を設ける．

　会場が殺風景にならぬよう金屏風や氷像，生花，紅白幕などで華やかな雰囲気が出るよう設営する．そば，寿司などの模擬店を出す場合もある．

落成披露の準備開始時期

工事が60％程度進んだ頃より準備を始める．効果の上がるセレモニーに仕上げるためには，時間と人手がいる．十分な時間の余裕を持って準備作業を進める．

● 会場風景

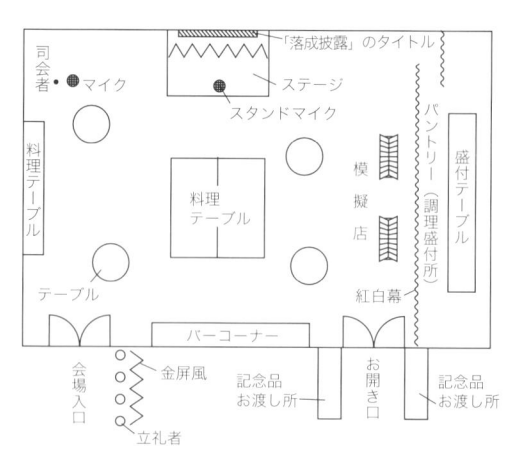

● 会場配置の例

◆ 鎮守の森について

　個人住宅が竣工した場合のお礼参りについて記しておく．

　地鎮祭・上棟式・竣工式を終えた建築主は，最後には地元の鎮守の森の社に出かけ，わが家の建築工事が無事終了した旨の報告と，今後の家族の安泰を祈願しお礼参りをする．意外とこれが忘れられ勝ちである．

　鎮守の森の社は，その土地の守り神として鎮座する．

　神の聖域としての森厳さを保ちがら，その町や村に風格と潤いを与えて来た．そこには照葉樹の自然林が存在する．自然林は人間が自然とふれ合う格好の場所であり，地元の人の心をいやしてくれる憩いの緑陰が残っている．

●鎮守の社（伊丹市昆陽）
石の鳥居は神社の表門である．鳥居は南向きの石造明神鳥居（標準型）だった．2本の少し内向きに傾斜した円柱の上に反りを持つ角形の笠木・島木が重ねられている．柱には角貫を貫通させ楔石で止められている．島木と貫の中央部に額束（神社名を記す）がある．さらに，注連縄・紙垂がかけられ，これで聖域を明示している．

　鎮守の森の鳥居を一歩くぐれば，そこは神の鎮まる空間である．本殿までの参道は，神の宿る自然空間と考えゆっくりと回りを眺めながら歩みたい．参道の真中は神の通る道だから，中央をはずして歩む．参道は石だたみのときもあるが，玉砂利の参道は心地よい．ザック・ザックという足音のくり返し音が回りの森のしじまにこだまして，歩く人を寡黙にする．喧騒な世の中にあって，寡黙は人の心を清め，気持ちを落ちつかせてくれる沈黙の音楽となる．

第4章　竣工式

5 落成式・落成(竣工)披露

さらに，小鳥のさえずり，木もれ日の斜光，匂う若葉と土と松脂(まつやに)の香りなど，日ごろ気にも止めていなかった自然とのかかわりが，そこかしこに感じられる．

この一瞬は，幸せであり喜びである．

手水舎では，手と口をゆすぐ．俗世間で汚れた心身で，神様の前に立ちたくないとの思いが自然に湧いてくる．

これで参拝者の気分は，改まる．気分一新とは，このことを言う．

右の写真は，手水舎の事例である．石造の水盥(すいかん)には，杓置きの3本重ねの青竹が長辺方向に渡され，杓が伏せられている．

●鎮守の社の神木(伊丹市昆陽(こや))

境内一番の高木(樹齢300年の大クスノキ)の腰に注連縄(しめなわ)が巻かれ，神木として祭られている．神は，高い木を伝って天空より地上へ降りてくるという．神木は神の階段の役目を果たす．地方によっては高神様(たかがみさま)と称し，高木には天狗がいて屋敷を守っているとも言う．雷神降下と言い，雷が大樹に落ちやすいことから，こんな話が生まれたのかも知れない．高木は聖なる樹になり得て夢がある．

●鎮守の社の本殿(伊丹市昆陽)

鉄筋コンクリート造の本殿は一番奥の高所にある．入母屋破風の正面には向拝(ごはい)の切妻屋根が設けられている．左右に一対の阿吽の狛犬(いずれも手前の樹で見えない．地元では狛犬かくしの木という)がある．向拝正面の貫上には大根の形に似た注連縄(右が根元・左が末で稲ワラを使う)をかけ，紙垂を4枚飾る．これが本当の四手か．

本殿の外観を眺めながら社殿に進む．

特に屋根の形は，どんな造形になっているかを見きわめよう．神社建築は屋根の建築であるからだ．

拝殿前での参拝の仕方

① 一拝する：軽くおじぎをする．神様に「今からお参りします」という礼である．

② 賽銭を上げる：今までのお礼と今後の守護を願う気持に応じてお供えしよう．

③ 鈴を鳴らす：すずやかな音を鳴らそう．「鳴子」は「成る」に通じる．

④ 二拝する：深くおじぎをする．60度から90度に上体を曲げる．

⑤ 二拍手する：神様に敬意を表すのである．日常生活において拍手で歓迎や感謝を示すように，神様の前では，二度手を打って象徴するのである．

⑥ 願いごとを口の中で唱える：心をこめて祈願する．

⑦ 一拝する：深くおじぎをする．感謝の態度を示す．

⑧ 一拝する：軽くおじぎをする．失礼しますという別れの礼である．

●生国魂神社の表門（大阪市天王寺区）

生国魂神社はいくたま神社とも言い，生島神・足島神（いずれも国土・大地の守護神）と大物主命（商売繁盛の大黒様）を主祭神とする．

神社は地下鉄谷町線・千日前線の谷町9丁目駅下車，南西へ徒歩5分の所にある．表門の鳥居は東面する．鳥居からまっすぐ谷町筋に伸びる参道は，3段に渡って御神燈と企業名の入った提灯の門が並ぶ．

●家造祖神社の正面（大阪市天王寺区）

土木建築の守護神の家造祖神社は，生国魂神社の境内奥に鎮座している．天保15年に鎮祀され，現社殿は昭和9年の造営である．祭神は，手置帆負神・彦狭知神で，例祭日は4月11日である．

この社は，左側に城方向八幡宮（厄除勝運の神）・鞴神社（金物の神）と右側に浄瑠璃神社（芸能上達の神）に挟まれ，4社が東向きに並んでいる．

第5章　その他の祭式

1　火入式
2　点灯式
3　古井戸埋鎮式
4　除幕式

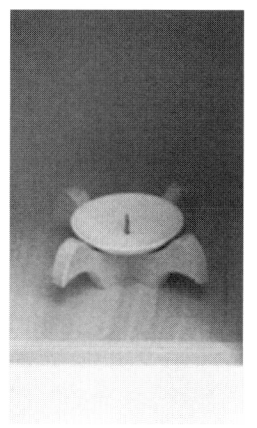

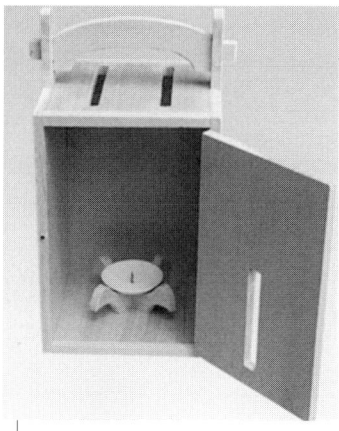

火入式

火入式は，本来，点火棒（たいまつ）と点火用具を使う儀式である．ただし現在では，自動点火スイッチで行われることが多い．

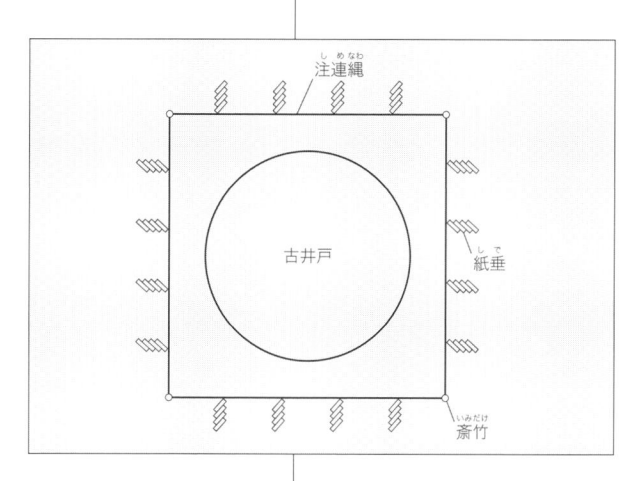

古井戸埋鎮式

古井戸の四周に注連縄を張りめぐらし，儀式を行ったあと，古井戸はきれいに浚い埋め戻す．また，空気抜きのために節を取った竹を立てる．

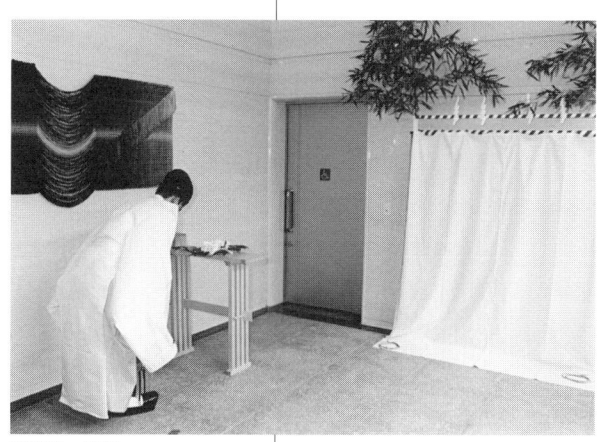

除幕式

銅像や記念碑の完成を祝い，祓い清める儀式である．定礎式にも除幕の儀がある．

●祈願・顕彰

▶1◀ 火入式

始

● 1 概要

火入式は，清掃工場の焼却炉や溶鉱炉，工場の機械設備などが完成して操業を始めるにあたって，これを祝福し，今後のつつがない操業と安全を祈願するものである．

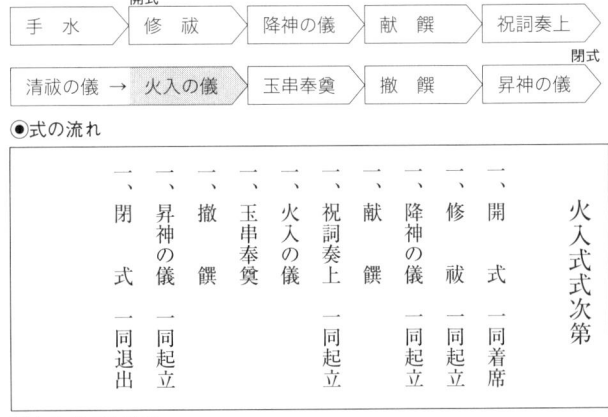

	開式			
手水	修祓	降神の儀	献饌	祝詞奏上

				閉式
清祓の儀 →	火入の儀	玉串奉奠	撤饌	昇神の儀

◉式の流れ

```
火入式式次第

一、開　式       一同着席
一、修　祓       一同起立
一、降神の儀     一同起立
一、献　饌
一、祝詞奏上     一同起立
一、火入の儀
一、玉串奉奠
一、撤　饌
一、昇神の儀     一同起立
一、閉　式       一同退出
```

◉火入式式次第例

　祭場の設営は，実際に火入れを行う機械設備の横に設ける．昔はボイラーに火を付けたりして，具体的に着火の行事をしていたが，現在では火を使わない場合でも，操業を開始する時に祭式が執り行われる．

　また，一般の建築物においても，ボイラーなどが完成し運転を始める時に火入式を行うことがある．

　火入式の行事は，地鎮祭での「地鎮の儀」が「火入の儀」（点火の儀ともいう）に変わるだけで，その他の式次第は他の通常の祭式と同様である．

点火方式

点火棒方式と自動点火方式の2通りがある．最近は，機械的に点火する自動点火方式が一般的となっている．

点火棒方式

点火棒のたいまつは白木の棒の先に白布をまき，油をしみこませておく．

自動点火方式

自動点火スイッチの位置が祭場から離れている場合は，臨時の点火スイッチ設備を祭壇の傍に設ける．

◉火入式風景
機械室の中央監視盤に隣接して祭場が設けられている．

● 2 点火の儀（自動点火方式の場合）

点火の儀は建築主代表が自動点火スイッチを押すことを儀式とするものである．したがって行事所役は建築主代表者が務める．

　行事所役は，進行係の呼び立てに応じて神前に進み出て拝礼したあと，点火スイッチのところに進む．

　ここで軽く一礼してスイッチを押す（この時一同拍手）．終ったら再び軽く一礼して自席へ戻る．

● 3 火入の儀（点火棒方式の場合）

点火の儀は点火棒（たいまつ）と点火用具（マッチ）を使う儀式である．行事所役は建築主代表者が務め，行事補佐役は施工者作業所長が務める．

　行事所役は，進行係の呼び立てに応じて神前に進み出て拝礼する．そして案上の点火棒を神職から受け取る．そして点火する機器の前に行く．

　ここで行事補佐役は待機していて，行事所役が差出した点火棒に点火用具（マッチ）で点火する．行事所役はこの火のついた点火棒で機器に点火する（この時一同拍手）．終ったら，点火棒を行事補佐役に渡し，自席へ戻る（行事補佐役は点火棒の火を容器に入れた水などで消し，脇に置く）．

＊（注）下記の祭神の参考例の表については，一例を記している．実際の祭式については，事前打合せの上，神職に任せるのがよい．

奥津比古命・奥津比売命
ともに竈の守護神．男女神として対をなす神である．

火産霊神
迦具土神とも言う．火のことを司る神である．

祭式の種類 祭神	火入式	点灯式	古井戸埋鎮式	除幕式
大地主神			○	
産土大神	○	○	○	○
奥津比古命	○			
奥津比売命	○			
火産霊神（迦具土神）	○			
雷神		○		
弥都波能売神			○	

●祭神の参考例

● 4　やきもの初窯(はつがま)の例

建築祭式の形式は，建築のみに留まらず広くものづくりに関わる分野に見られる．ここではやきものの初窯(はつがま)の例を紹介する．

　陶芸家は，自らの作風を炎に託すために，窯の築造をも行う場合がある．窯が出来ると，1300度近い温度まで，100時間以上赤松の薪を窯の中に投入し続ける．窯焚きは，体力，気力との戦いでもあり，危険との隣り合わせの場でもあることから，新しい窯の誕生時には安全を祈願し「火入式」が行われる．

　窯の完成を祝福し，完成までの神の御加護に感謝をし，今後のつつがない窯焚きとその安全を願って儀式が執り行われる．陶芸の愛好家が休日を利用し設計からレンガ積まで約1年費して窯を完成させ，築造地の地元の人々の作品も加え，自ら「火入式」を執り行った事例をここに紹介する．

　式の流れおよび「式次第」は，本章1—1に同じである．

●窯の火入れ後の情景
　丸太で小屋が組まれ，奥に煙突が立ち，煙が立ちのぼっている．

第5章　その他の祭式

> 祝詞
>
> 此れの所、伊賀龍口の地に縁あって、伝統ある伊賀焼の窯を築き、今ここに初窯の火入れ式を執り行うこととなった。
>
> 思えば溯ること三年有余日、五十代半ば過ぎた若者達四人衆が、汗水ながし、土にまみれ、山から丸太を担ぎ小屋を建て、窯を築き上げた。
>
> 平成十年九月の大台風災害、また怪我、病の災いをもものせず、この歴史ある伊賀龍口の地に、我々念願の窯の完成をみた。
>
> 人生五十余年を生き抜き、日本の高度成長期を働きつめた我々、やっとささやかな夢がいま赤い炎となって燃える。
>
> この世の一切のものは、すべて自然なるものだとする深い目をもって、自然からいただいたこのすばらしい贈り物をあるがままに見て、何の詮索もなく、生きることができれば、そこに人間本来の安息を招きとることができるだろう。
>
> 龍口の自然に抱かれ己が人生のあるがままを土と炎に託して共同の一歩を踏み出す。
>
> この伊賀龍口窯が自然の恵みを頂き、人の和、平和の火を末永く燃やしつづけることを祈念する。
>
> 天の神、地の神、火の神、この伊賀龍口の里に、龍口窯に栄えあることを奉らんと白す。
>
> 　　　平成十三年四月二十二日
> 　　　　　　　　　伊賀龍口窯
> 　　　楠本照男・曽我勝巳
> 　　　谷川正行・高田和弘

●現代風祝詞の事例（祭式主催者が作成）

祝詞については，祭式主催者がその伝統の精神を踏まえ，現代的な様式に作り直し，そこに神職がいないけれども，自らを祓い清め，厳粛に神を迎えて，自らの言葉で祈願の主旨を奏上することとなった．古代からの祝詞文とは趣きの異なる口語体で作られているが，その精神は同じと言えよう．儀式が形式化していく傾向の中で，これは独創的な現代儀式の事例であろう．

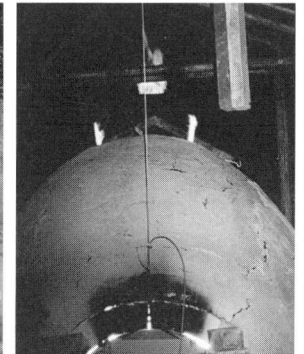

●窯の火入れ前と火入れ後

●窯出しの情景

▶ 2 ◀ 点灯式

信 号

● 1 概要

信号灯やネオン広告などが完成してこれを祝うとともに今後の安全を祈願する儀式である．

```
                開式
手水  →  修祓  →  降神の儀  →  献饌  →  祝詞奏上
                                              閉式
清祓の儀 → 点灯の儀 → 玉串奉奠 → 撤饌 → 昇神の儀
```
●式の流れ

点灯式式次第

一、開式　　　一同着席
一、修祓　　　一同起立
一、降神の儀　一同起立
一、献饌
一、祝詞奏上　一同起立
一、点灯の儀
一、玉串奉奠
一、撤饌
一、昇神の儀　一同起立
一、閉式　　　一同退出

●点灯式式次第例

点灯式の式次第

点灯式の行事は，地鎮祭での「地鎮の儀」が「点灯の儀」に変わるだけで，その他の式次第は他の通常の祭式と同様である．
点灯行事の要領は，火入行事の「点火の儀」（自動点火方式の場合）と同じである．建築主代表者によって行われる（p.115参照）．

祭場の場所

祭場は点灯する設備が見通せる場所に設ける．

点灯行事にて準備するもの

臨時の点灯スイッチ設備が必要となる．これは祭壇の傍に白布で蔽った台上に設ける．

雷神（いかずちのかみ）

雷神は，電気の神とされ，電力，電気製品関係の産業（山小屋，スキー場）などの儀式においてお祀りする．

祭神＼祭式の種類	火入式	点灯式	古井戸埋鎮式	除幕式
大地主神（おおとこぬしのかみ）			○	
産土大神（うぶすなのおおかみ）	○	○	○	○
奥津比古命（おきつひこのみこと）	○			
奥津比売命（おきつひめのみこと）	○			
火産霊神（迦具土神）（はむすびのかみ・かぐつちのかみ）	○			
雷神（いかずちのかみ）		○		
弥都波能売神（みずはのめのかみ）			○	

●祭神の参考例

▶ 3 ◀ 古井戸埋鎮式

砂

● 1 概要

古井戸がある場合工事に先立ちこれを埋め，今までの使用に感謝し，清め祓って工事の安全を祈願する．

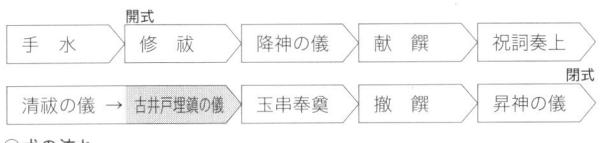

開式：手水 → 修祓 → 降神の儀 → 献饌 → 祝詞奏上
閉式：清祓の儀 → 古井戸埋鎮の儀 → 玉串奉奠 → 撤饌 → 昇神の儀

● 式の流れ

古井戸埋鎮式式次第

一、開式　　　　　一同着席
一、修祓　　　　　一同起立
一、降神の儀　　　一同起立
一、献饌
一、祝詞奏上　　　一同起立
一、古井戸埋鎮の儀
一、玉串奉奠
一、撤饌
一、昇神の儀　　　一同起立
一、閉式　　　　　一同退出

● 古井戸埋鎮式式次第例

祭神＼祭式の種類	火入式	点灯式	古井戸埋鎮式	除幕式
大地主神（おおとこぬしのかみ）			○	
産土大神（うぶすなのおおかみ）	○	○	○	○
奥津比古命（おきつひこのみこと）	○			
奥津比売命（おきつひめのみこと）	○			
火産霊神（迦具土神）（ほむすひのかみ　かぐつちのかみ）	○			
雷神（いかずちのかみ）		○		
弥都波能売神（みずはのめのかみ）			○	

● 祭神の参考例

古井戸埋鎮式要領

古井戸埋鎮式の行事は，「清祓の儀」が主な行事である．
古井戸は出来るだけきれいに浚（さら）った上，清浄な砂か砂利で埋戻す．空気抜きのため，節を取った竹を立てる．ビニールパイプより，朽ちて土となる竹がよい．

祭場

古井戸の前か横に設けるが，通常は幔幕を張らないで全員起立のままで行うことが多い．斎竹を立て，注連縄（しめなわ）を張りめぐらす．

工事中古井戸発見した場合

すでに埋鎮式が行われているものとして，改めて式を行うことは少ない．
古陶器などが出土することもある．

弥都波能売神（みずはのめのかみ）

罔象女神とも言い，水の神である．水道工事，堤防工事などでお祀りをする．

▶ 4 ◀ 除幕式

像

● 1 概要

除幕式は，銅像や記念碑などが完成したとき，これを清め祓うとともに，その事業や，その事業に功績のあった人々をたたえて顕彰する儀式である．

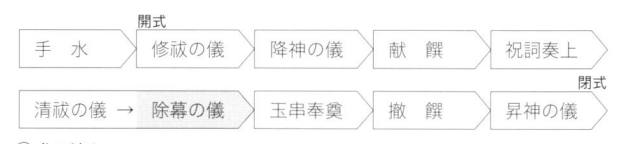

　　　　　　　　開式
| 手　水 | 修祓の儀 | 降神の儀 | 献　饌 | 祝詞奏上 |

　　　　　　　　　　　　　　　　　　　　閉式
| 清祓の儀 → 除幕の儀 | 玉串奉奠 | 撤　饌 | 昇神の儀 |

● 式の流れ

```
除幕式式次第

一、開　式　　一同着席
一、修　祓　　一同起立
一、降神の儀　一同起立
一、献　饌
一、祝詞奏上　一同起立
一、除幕の儀
一、玉串奉奠
一、撤　饌
一、昇神の儀　一同起立
一、閉　式　　一同退出
```

● 除幕式式次第例

祭壇の場所

像や碑の横に設けるが，故人像の場合などその前に祭壇を設けて神籬を立て，その人の御霊を招いて祭を行うこともある．

　除幕式の式次第は，修祓の後に「除幕の儀」を執り行う場合や，式の冒頭で「除幕の儀」を執り行い，その後通常の神事を行う場合もある．

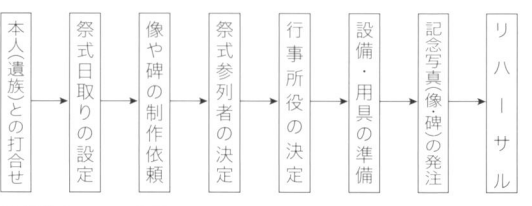

| 本人（遺族）との打合せ | 祭式日取りの設定 | 像や碑の制作依頼 | 祭式参列者の決定 | 行事所役の決定 | 設備・用具の準備 | 記念写真（像・碑）の発注 | リハーサル |

● 準備のフローの例

● 2　除幕の儀

曳綱所役は建築主，または銅像や記念碑と関係の深い人が務め，曳綱を引いて除幕する．

　曳綱所役は，その父兄または進行係の介添えにより前に進み出て，次いで斎主はこれを先導して除幕の位置に進み，所役に曳綱を授ける．

　曳綱所役は軽く一礼しこれを受け，曳綱を引いて除幕する（この時一同拍手）．軽く一礼し，自席へ戻る．

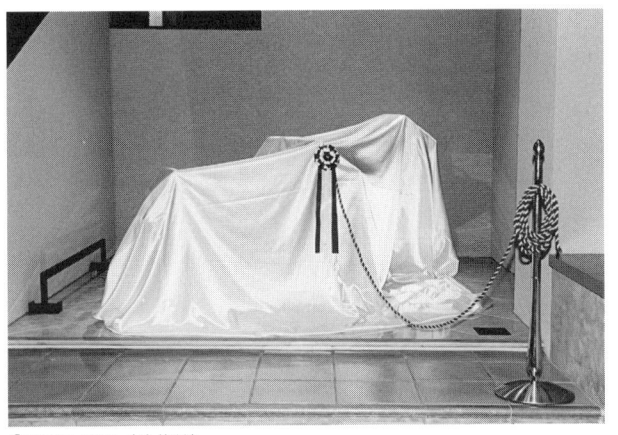

除幕の儀準備

曳綱所役は建築主や銅像，記念碑と関係の深い人の令嬢（遺族の子女など）がなることが多い．あらかじめ予行をしておくとともに，幕・曳綱滑車の状態を十分に点検しておく．

●彫刻の除幕（除幕前）

●定礎の除幕

工事中に定礎式が行われなかった場合，竣工式の日に，定礎の儀の冒頭の開幕の儀だけを執り行う場合がある．

祭神 \ 祭式の種類	火入式	点灯式	古井戸埋鎮式	除幕式
大地主神（おおとこぬしのかみ）			○	
産土大神（うぶすなのおおかみ）	○	○	○	○
奥津比古命（おきつひこのみこと）	○			
奥津比売命（おきつひめのみこと）	○			
火産霊神（迦具土神）（ほむすびのかみ・かぐつちのかみ）	○			
雷神（いかずちのかみ）		○		
弥都波能売神（みずはのめのかみ）			○	

●祭神の参考例

第6章　実務マニュアル

1　祭式計画
2　祭式計画書
　　－フォーマット例
3　祭式計画書
　　－祭式責任者手元資料－
　　　フォーマット例
4　祭式計画の
　　チェックリスト
5　式次第と司会
6　英文版式次第の例
7　文例・挨拶の例

英文パンフレットの事例

近年,祭式に外国人が参列することも多くなっている.その場合,事前に日本での祭式の概要を説明しておく心くばりが必要である.

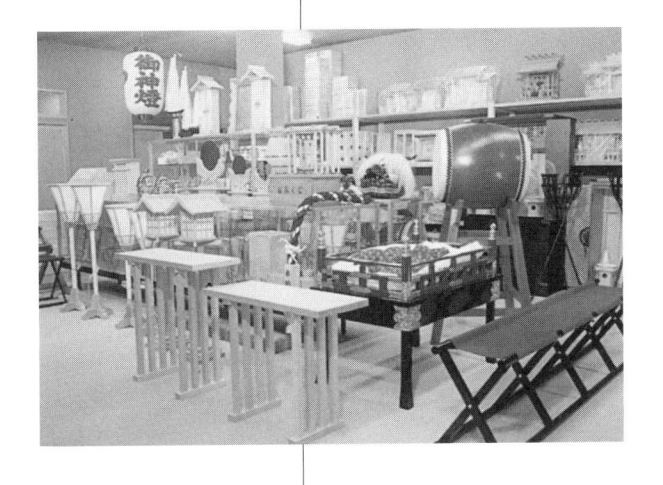

祭具の調達

祭式責任者は,祭式で使用する用具を事前に各祭式用チェックリストで確認し,漏れのないようにする.

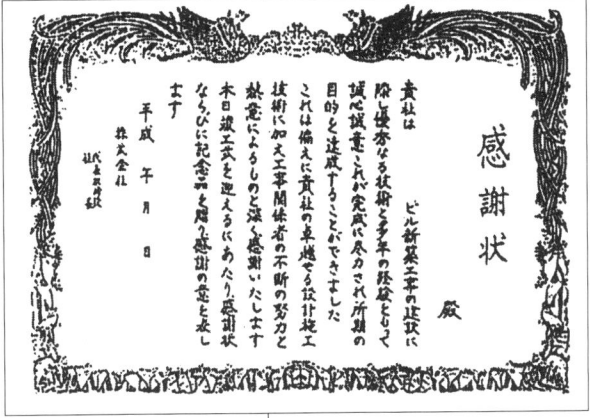

感謝状の事例

竣工式,落成(竣工)披露の時に授与される感謝状について,祭式責任者は,建築主と十分内容について確認しておく必要がある.

● 竣工式・落成(竣工)披露

▶1◀ 祭式計画

協　業

◉1　概要

関係先打合せ

建築主が主催者となる祭式では，本来建築主がすべての関係者と打合せ調整を行う．一般的には，施工会社が代行している．

本来は建築主が主催者として祭式を執り行うが，一般的には施工者が代行する例が多い．その時は，作業所長が祭式責任者となり，実務を推進する．

　祭式責任者は，祭式計画に関与する担当者リストに基づき，関係先と協議し，外部委託先の協力を得て会場設営から祭式実施までを円滑に推進する．

　祭式責任者は施工会社の作業所長であるが，事務担当者が実務を代行する場合が多い．

　祭式責任者は，祭式実施担当者の連絡網を整備し，計画内容を周知徹底しておく．

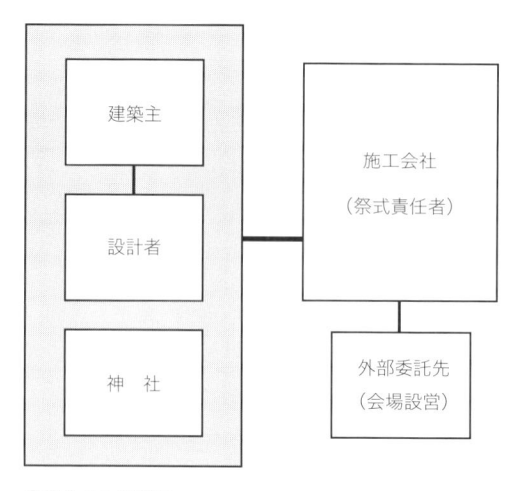

●打合せ先相関図

● 2　手順を踏まえ下準備をする

祭式責任者は「祭式計画書」を作成し，関係先と調整する．

　祭式の分担業務の担当者名を下表の（　）内に記入し，その分担業務内容と調整先を明確にする．まず，祭式遂行の実行委員会をつくり，組織表を作成することが，祭式計画書作成の第一歩である．

> **実行委員会必要人数**
>
> 招待者数が 20 〜 30 名程度の場合は，施工者側にて数名で済ます．招待者が 100 名を超えると建築主・施工者の混成メンバーで構成する．

祭式計画関係者			建築主	設計者	神社	施工会社 作業所	施工会社 担当部署	外部委託先（会場設営）
祭式計画書	全体計画	工事名称	◎	○		○		
		日程・時間・神社	◎	○	○	○		
		規模・設備・費用・工事建物パンフレット	◎	○		○		
	祭場計画	内容・座席配置・資材などの調達	◎	○		○	○	○
		式次第・神事内容	◎	○	○	○	○	○
		直会・披露パーティー・企画内容・アトラクションなど	◎			○	○	○
	参列者	名簿（所役共）	◎			○	○	
		招待状作成・発送	◎			○		
		出席者人数確認	◎			○		○
		来賓祝辞依頼	◎			○		
		受付・案内方法・工事建物説明パネル	◎			○		
	記念品	記念品決定	◎			○	○	
		記念品発注（欠席者）	◎			○		
	車両	駐車場・整理方法				◎		
		警察等への連絡				◎		
	庶務	奉献酒銘柄	◎			○	○	
		リボン・名札	◎			○	○	○
		記録・連絡・記録写真・ビデオ				◎	○	

▶2◀ 祭式計画書－フォーマット例

案　内

● 0　祭式計画書表紙

祭式の種類，挙行日時を明示する．

祭式計画書の種類

建築主，設計者，来賓用と祭式責任者の手元用の2種類を準備する．前者は，対外的な祭式の案内を目的とし，後者は，祭式責任者の祭式準備表として整備されるものである．

〈解説〉

- **工事名称**　建築主にて正式名称を決定
- **挙行日時**　大安・先勝・友引が一般的
- **開式時刻**　午前10時から11時が一般的
- **最下欄**　作成した会社名を記入する

```
　　　　　　　　　作成日　年　月　日

　工事名称（　　　　　　　　）

　　　（　　　　）計画書



　挙行日時　年　月　日（　）

　　　神事　時　分開式
　　　直会　時　分～




　　　　　（　　　　　　　　）
```

このフォーマットは，建築主，設計者，来賓を対象としているが，実務の手順としては最終段階に作成されるものである．まずは，施工会社の祭式責任者が，建築主，設計者と打合せを行い，次に神社・神職と打合せを行って決定した内容が，このフォーマットに記載される．

◉ 0・1　目次

祭式計画書の記述項目を明示する．

祭式計画チェックリスト

祭式責任者が，関係先と打合せを行う時に使用すると便利なチェックリストを本章「実務マニュアル」4—2, 4—3に掲載しているので，参照のこと．

目　　次

1. 祭式概要

2. 式次第
　　　2・1　神事
　　　2・2　直会

3. 参列者

4. 工事概要

5. 会場配置図

6. 座席表
　　　6・1　神事会場
　　　6・2　直会会場

p.1

● 1 祭式概要

祭式名をはじめ，祭式概要を明示する．

　祭式名は，工事名と挙行される祭式の名称を併記する場合が多い．挙行日時は，表紙に記載するが，記載しない場合は，この祭式概要の中で表示する．

〈解説〉

● **建築主**
新会社名となることもあるので，確認が必要．

● **場所**
建築地に同じ．ただし直会がある場合は，建築地とは別の場所となるケースもある．

● **斎主**
神社は土地の氏神が原則だが，建築主の指定によるケースもある．

● **服装**
平服・略礼服・礼服のいずれかに決める．所役以外は礼服のケースは少ない．

1　祭式概要

　　　　祭式名（　　　　　　　　　）

　　　　建築主（　　　　　　　　　）

　　　　場　所（　　　　　　　　　）

　　　　斎　主（　　　　　　　　　）

　　　　服　装（　　　　　　　　　）

　　　　参列者　　　別紙の通り

　　　　会場配置図　別紙の通り

　　　　座席表　　　別紙の通り

p.2

● 2　式次第

各祭式における式次第は，行事を除き共通である．直会は行われないこともある．

● 2・1　神事

行事，玉串奉奠における所役の氏名の記入と神酒拝戴の記入の有無が主要な内容となる．

```
2　式次第
2・1　神事（　時　分～　時　分）
式次第　　　　　　　司　会（　　　　）
1）開　　式
2）修　　祓　　　　　　　　（一同起立）
3）降神の儀　　　　　　　　（一同起立）
4）献　　饌
5）祝詞奏上　　　　　　　　（一同起立）
6）（　　）の儀
　　　　①四方清祓　　　　　斎主殿
　　（　）②（　　）（　　）（　　）殿
　　（　）③（　　）（　　）（　　）殿
　　（　）④（　　）（　　）（　　）殿
7）玉串奉奠
　　　　①　　　　　　　　　斎主殿
　　　　②（　　）（　　）（　　）殿
　　　　③（　　）（　　）（　　）殿
　　　　④（　　）（　　）（　　）殿
　　　　⑤（　　）（　　）（　　）殿
　　　　⑥（　　）（　　）（　　）殿
8）撤　　饌
9）昇神の儀　　　　　　　　（一同起立）
10）閉　　式
11）神酒拝戴
　　　　　　　p.3
```

〈解説〉

● **氏名の記入**

行事の所役，および補佐役は，まず，行事名を順番に従って書き，会社名，役職名，氏名の順に書く（補佐役はわかるように印をつける）．
玉串奉奠は，会社名，役職名，氏名を，順番に従って書く．
所役は名前を呼び上げられるので，名簿にふりがなを付ける．

神酒拝戴

祭場で行う場合と直会会場で行う場合の2通りある．

● 2・2 直会

直会が行われる場合は,神事の閉式直後,場を移して開式となる.

　直会で神酒拝戴が行われる場合は,下記の「2) 建築主挨拶」の前になる.この場合でも「6) 乾杯」は行われる.挨拶や手締めは省かれる場合がある.

```
2・2 直会（　時　分〜　時　分)
　　　　　司　会（　　　　）
1) 開　　　式
2) 建築主挨拶（　　　　　）
3) 来賓挨拶　（　　　　　）
4) 設計者挨拶（　　　　　）
5) 施工者挨拶（　　　　　）
6) 乾　　　杯（　　　　　）
7) 歓　　　談
8) 手　締　め（　　　　　）
　　（中締め）
9) 閉　　　会

                p.4
```

● 3　参列者

建築主，来賓，設計者，施工者，その他の順に，会社名，役職名，氏名を記入する．

　参列者の氏名は，祭場および直会会場の席順配置における上位者より順に記入する．設計施工の場合は，設計者欄をなくし，設計者を施工者欄の上位に記入する．

```
3　参列者（　　時　分〜　時　分）
                          以下，敬称略

〈建築主〉会社名    役職名      氏　名
 1　(         )(          )(          )
 2　(         )(          )(          )
 3　(         )(          )(          )
〈来　賓〉
 1　(         )(          )(          )
 2　(         )(          )(          )
〈設計者〉
 1　(         )(          )(          )
 2　(         )(          )(          )
〈施工者〉
 1　(         )(          )(          )
 2　(         )(          )(          )
 3　(         )(          )(          )
〈その他〉
 1　(         )(          )(          )

                     p.5
```

〈解説〉

- **設計者，施工者の筆頭代表者の決め方**
  建築主の筆頭代表者（一般的には社長）に対応した役職者を筆頭とする．

- **その他**
  ビル管理・テナントなど

● 4　工事概要

工事概要の主要内容を簡潔に示す．

　記入内容が「祭式概要」など，他のフォーマットと重複するものもあるが，最低限の記述内容は省略せず記述したほうが参列者に対して親切である．この考え方に基づき，当フォーマットは作られている．

4　工事概要

　　建築主（　　　　　　　　）
　　設　計（　　　　　　　　）
　　施　工（　　　　　　　　）
　　構　造（　　　　　　　　）
　　規　模（　　　　　　　　）
　　地下　　階／地上　　階／塔屋　　階
　　　敷地面積（　　　　　）㎡
　　　建築面積（　　　　　）㎡
　　　延床面積（　　　　　）㎡

　　工　期　自　　年　　月　　日
　　　　　　至　　年　　月　　日
　　建物用途（　　　　　　　　）

p.6

● 5　会場配置図

会場の全体配置図を記し，受付，控室，神職控室，祭場，直会会場などを明記する．

　参列者に対して，最低限必要と思われる会場のわかりやすい見取り図を入れる．

5　会場配置図

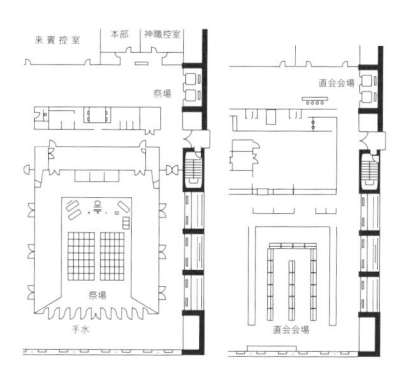

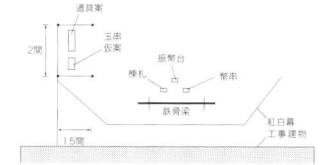

〈その他〉

p.7

● 竣工式の全体配置の参考事例である．

● 上棟式，上棟行事場の参考事例である．

〈解説〉

● その他欄
　交通機関，最寄駅
　□□から，所要時間
　□分
　作業所長名
　作業所職員名などを記述

◉ 6　座席表

座席の上位・下位，上座・下座の規則に従い，祭場，直会会場に分けて座席表を作成する．

◉ 6・1　祭場の座席配置の例

座席配置は，図にて割りつけて明示する．

〈解説〉

● **座席の記入**
　各マスの上段に会社名を書き，下段には姓と役職名を記入する．次ページの直会会場も同じ．

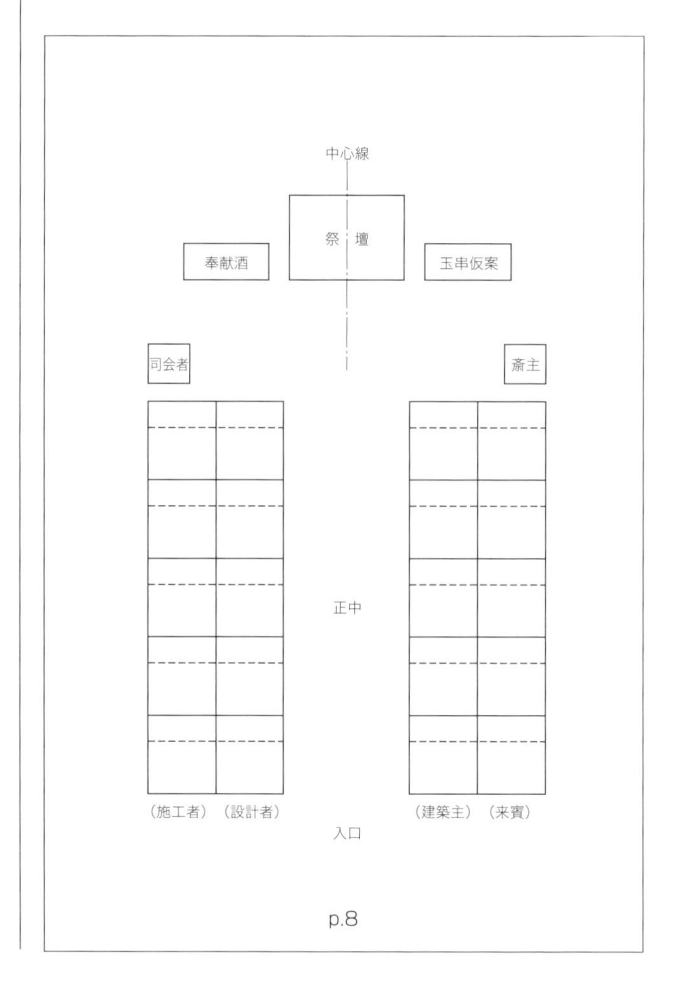

中心線

奉献酒　　祭壇　　玉串仮案

司会者　　　　　　斎主

正中

（施工者）（設計者）　　（建築主）（来賓）

入口

p.8

祭壇の正面を正中と言い，神々の正面となるこの部分に，座席が来ないように並べ方を工夫する必要がある．もし左右の席で人数の配分のバランスが悪い場合は，正中に隣接した列を反対側の席と隣接させるよう移動することもある．

● 6・2　直会会場の座席配置の例

座席配置を行う場合の席順は，祭場で定めた要領に従う．

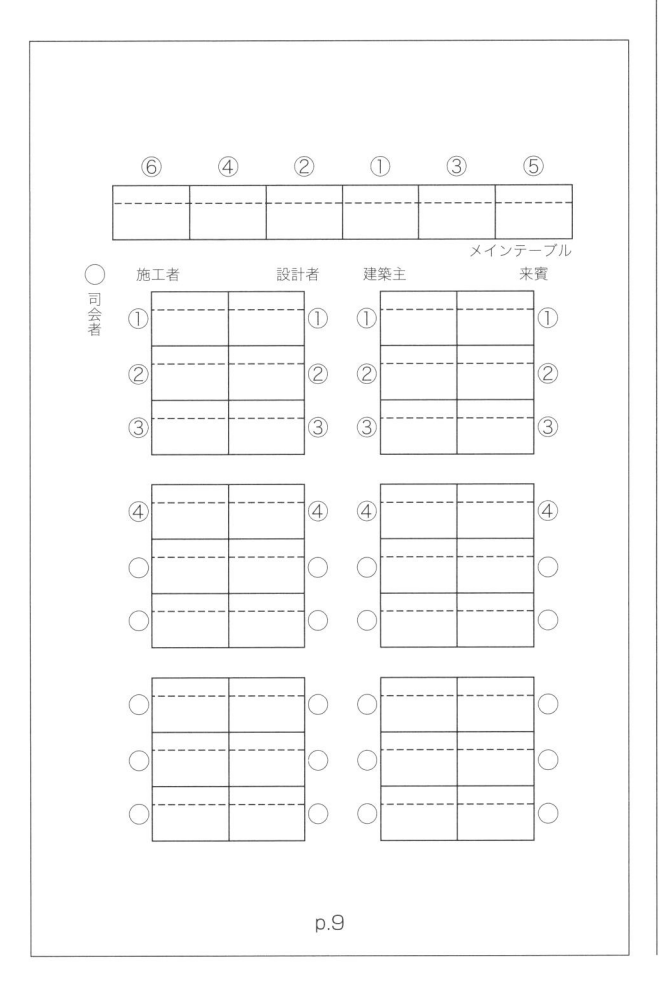

〈解説〉

● **メインテーブルの席順**
　メインテーブルでは，建築主，来賓，設計者，施工者のそれぞれの代表者などが配置される．その席順は建築主が決定する．

● **立食の場合の席順**
　メインテーブルの席順のみ決めて，後は決めないのが一般的である．

▶3◀ 祭式計画書 －祭式責任者手元資料－ フォーマット例

資　料

● 0　概要

祭式責任者の祭式準備表となるもので，参列者への案内用の祭式計画書作成のための元資料となる．

　この祭式計画書の主なものに「参列者名簿」がある．これを抜粋して「神事出席者名簿」「直会出席者名簿」を作成する．その他として「祭式実施担当者の当日の役割」などがある．

　祭式の種類内容によって，その時の準備が円滑に進められるよう，後述する「祭式計画のチェックリスト」「祭式の式次第と司会要領の例」と合わせ，実務で効果的に活用できるものにすることが肝要である．

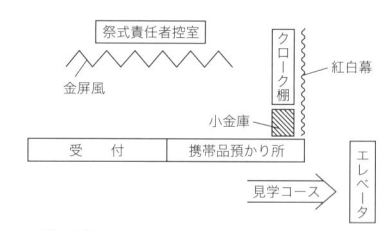

会場設営計画

参列者の規模に応じて，会場配置を細かく検討する．

〈解説〉

● **受付配置**

　参列者が多い場合は，携帯品預かり所やクローク棚，そして祝い金を受け取る場合には小金庫などが必要となる．

　また，金屏風や紅白幕の陰に祭式責任者控室や，臨時の物置を設ける例もある．

● **落成式会場配置**

　落成式には祝宴を伴う場合が一般的で，参列者の数は多くなる．演壇のしつらえやマイク，表彰盆の準備などきめ細かな心くばりが必要である．

●受付配置の事例

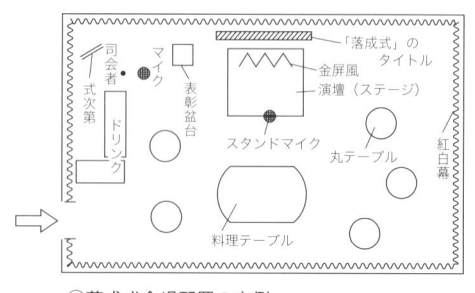

●落成式会場配置の事例

● 1　参列者名簿

神事および直会の参列者のうち，当日所役を担当する人を決めて周知徹底しておく必要がある．

> **参列者名簿**
> 祭式責任者用として「席札」「記念品」「車両」のチェック項目が付加されている．

● 1　参列者名簿			出欠		所役		席札	記念品	車両	招待状 p.1
名称（会社名等）	役職名	氏名	神事	直会	行事	玉串				
		合計								

◉2　神事・直会出席者名簿

出席者名簿については，神事・直会のそれぞれの出席者ごとに名簿を作成し，事前に出席予定者に配布する．

◉2　神事・直会（いずれかを○で囲む）出席者名簿						p.2
名称 （会社名等）	役職名	氏名	席札	記念品	車両	その他
		合計				

◉3　祭式実施担当者の当日の役割

祭式当日の祭式実施責任者は，原則として作業所長が当たる．祭式の円滑な進行のため，当日の役割分担については，建築主・設計者とも事前に十分に調整しておく．

◉3　祭式実施担当者の当日の役割			p.3
	係	要　領	氏　名
会場関係	進　行	司会，進行，祭場案内． 進行については，あらかじめ司会心得（要領）を作成しておく．	
	祭場設営	祭場の設営，場内整備全般．	
	神　職	送迎，祭壇の受渡し，更衣室，手配，御礼． 祭壇の設営については，神職で行うことが多いので事前確認しておく．	
	祭　壇	奉献酒のお供えやお神酒の受取り，清祓の手伝い． 祭壇については南向きまたは東向きとする（北，西向きは避ける）．	
	手　水	手水一式と手水行事． 手水係は1ヶ所に2名以上配置しておく．	
	直会会場	直会会場の準備と案内． 直会会場へは手際よく参列者を席に案内する．	
	写　真	祭式の進行状況を写真撮影（ビデオの場合もある）． 写真係は腕章などを準備し，優先的に写真を撮る．	
参列者関係	出迎え	JV工事の場合は各社担当者又は代表とする．	
	控室接待	資料の準備 ・パンフレット・工程表 ・パース，模型，図面など 湯茶，おしぼりの接待	
	配車	JV工事の場合は各社の役員の行動パターンが違って来る場合があるので，配車は細かく行う．	
	会場出迎え	祭式会場には，施工会社関係者が先に行き，参列者を迎える．	
	駐車場案内	決められた場所にスムーズに車を誘導． 駐車場案内係は，事前に駐車スペースに白線を引くとよい．	
	運転手	控室と弁当を準備．	
	受付・ クローク	参列者の受付，リボン渡し． 受付係が荷物を預かる場合，間違いのないように必ず半券を用意する．	
	祭場案内	参列者を定刻5～10分前に祭場に案内する．	
	記念品	参列者に渡す．	
	連絡	参列者への連絡．	
	報道関係者	挙行日時の連絡，控室の準備，インタビューなどの有無，カメラの位置．	
	救護	救急箱等の準備． 救護係は，緊急連絡先の名簿などの準備をしておく．	
設備関係	設備	電気，放送（マイク），採暖冷や仮設トイレの用意，表示，雨天の雨傘の準備など施設全般の係． 設備係は，建築主の意見を十分汲み取り，専門会社に外部委託し，前日までに完了しておく．	

▶4◀ 祭式計画のチェックリスト

点 検

◉1 概要

祭式責任者は，準備を円滑に進めるに当って，チェックリストを有効に活用するとよい．

　限られたスケジュールの中で，準備に手落ちがあると，余分な後戻り作業による歪みが出たり，各方面からクレームが生じることとなり，折角のお祝い気分を損ねることとなる．

　祭式計画書は，全祭式共通のものと各祭式用の2通りのチェックリストで，確認しながら作成するとよい．

　祭式で使用する準備品は，後述の「各祭式用チェックリスト」にて主要なものを示しているが，外部委託先で揃えられない物もあるので注意が必要である．

　神事でのみ使う特殊な用具は，施工会社で保管している場合がある．

用　具	地鎮祭	上棟式	竣工式
斎鎌・斎鋤・斎鍬	○		
ボルト・ナット		○	
スパナ・ハンマー		○	
手水用具（手桶）	○	○	○
同上（柄杓）	○	○	○
同上（受桶）	○	○	○
同上（紙受け）	○	○	○

◉施工会社で保管している場合の用具の例

祭式責任者

建築主が主催者となる祭式についても施工会社の作業所長が運営の責任者となるのが一般的である．

祭式用チェックリスト

● **全祭式共通**
①建築主・設計者打合せ用
②神社打合せ用
③外部委託先（会場設営）打合せ用

● **各祭式用**
①地鎮祭（起工式）
②上棟式
③竣工式
④落成式・落成（竣工）披露用
⑤定礎式
⑥除幕式

● 2　全祭式共通チェックリスト

まず，全祭式共通のチェックポイントを確認した上で各祭式用のチェックに入るとよい．

●建築主・設計者打合せ用

全祭式共通チェックリスト（建築主・設計者打合せ用）					年　月　日作成
工事名称（　　　　　　　）・場所（　　　　　　　）					年　月　日修正
項　目	内　容	確認事項			備　考
建築主	名　称		施工者名　称		
設計者	〃				
祭式日時	予　定	月　日（　）　時〜　時（直会　時〜　時）			
	暦	大安・友引・先勝・赤口・先負・仏滅			
祭式名称	対　象	地鎮祭・起工式・安全祈願祭・立柱式・上棟式・定礎式・修祓式・竣工式・落成式・その他（　　　　　　　）			
神職の手配	神社の指定	有・無　有……神社名（　　　　　　　）			
参列者		神事	直会	乗用車　玉串	
	神職	人	人	台　　人	
	建築主	人	人	台　　人	
	来賓	人	人	台　　人	近隣・町会共
	設計者	人	人	台　　人	
	施工者	人	人	台　　人	
	その他	人	人	台　　人	
	計	人	人	台　　人	席札　　人
	乾杯		祝辞		
	挨拶		手締め		または万歳三唱
服　装	指　定	有・無　有……平服・略礼服・礼服			
式次第	神事	要望の有・無　有……（　　　　　　　）			
	直会	要望の有・無　有……（　　　　　　　）			
奉献酒	手配	建築主・施工者			
	銘柄	指定銘柄の有・無　有……（　　　　　　　）			
直会	程度	有・無　無：神酒拝戴のみ　有：簡単なつまみ・昼食程度・豪華　祭場椅子席・同立席・別席で			費用負担（　　　　）
	飲物	指定銘柄の有・無　有……（　　　　　　　）			
	引出物	有・無…有の場合の準備：建築主・施工者・品名（　　　　　）　金額（　　　　　）			1000〜3000円以上が一般的
看板	祭場名	（　　　　）×（　　　　）　枚			
	場所	祭場（　）枚・直会（　）枚・お手洗い（　）枚・控室（　）枚・受付（　）枚・駐車場（　）枚・その他			
施　設	種　類	祭場・直会会場・控室・受付・クローク・神職控室・運転手控室・パントリー・トイレ・駐車場			
その他	確認事項	案内状（　　　　　　　）・祭式計画書（要・不要）・胸章（　　　　）・駐車場（　　）・報道関係の対応（　　）・監督署（　　　　）・消防署（　　　　）・警察署（　　　　）			

＊(注)＊は祝詞に入れる内容

●神社打合せ用

全祭式共通チェックリスト（神社打合せ用） 工事名称＊（　　　　　　　）・場所＊（　　　　）			年　月　日作成 年　月　日修正
項　目	内　容	確認事項	備　考
建築主＊	名　称		
設計者＊	〃		
施工者＊	〃		
祭式日時	予　定	月　日（　）　時〜　時（直会　時〜　時）	
	暦	大安・友引・先勝・赤口・先負・仏滅	
祭式名称＊	対　象	地鎮祭・起工式・安全祈願祭・立柱式・上棟式・定礎式・修祓式・竣工式・落成式・その他（　　）	
祭神＊	名　称		
式次第	神　事	各式において神職の着席・起立の確認	
		神職の入場（最初・最後）・司会の位置（左・右）	
		一．開式	神職（着席・起立）
		一．修祓 ・祓詞は（祭壇・仮案）のところで唱える． ・お祓いの順番（祭壇・仮案・献酒案・参列者） ・参列者のお祓いは（上座，下座別々・一回）	
		一．降神の儀 ・警蹕は（一声・三声） （ご起立願います．ご低頭下さい）と言われる場合がある．	司会者に対する神職の注文を聞く．
		一．献饌	
		一．祝詞奏上 ・表記＊印7項目の確認	
		一．＿＿＿の儀 ・清祓の場所（　　　　） ・同上，補佐役（先導役・切麻奉仕者） ・祭式の名称に伴う各所作（人数）の打合せ	神職（着席・起立）
		一．玉串奉奠 ・玉串の本数の確認　・神職（最初・最後）	神職（着席・起立）
		一．撤饌	
		一．昇神の儀	
		一．閉式	神職（着席・起立）
神酒拝戴	瓶　子	下げて頂くことを依頼． （1本目受取り下がる．2本目受取り前列に注ぐ） 発声のお願い．・直会（出席・欠席）	
神社からの 持参品	共　通	神籬（または，お社）・大麻・切麻・紙垂・玉串（　　）本・榊2本（真榊用）・神饌・水	左記以外は施工者準備
	その他	鎮物（地鎮祭），棟札（上棟式）	
当日手配	施工者	車の迎え　　時　　分・着替場所（要・否）	
連絡先	施工者	作業所名（　　　　）	
	担当者		
	神　社	TEL．	神職（　　）人
初穂料			

* (注) この打合せ確認内容に基づき，会場配置図を作成する．

●外部委託先・会場設営打合せ用

全祭式共通チェックリスト（外部委託先・会場設営打合せ用）＊（注） 工事名称（　　　　　　　　　　）・場所（　　　　　　）			年　月　日作成 年　月　日修正
項　目	内　容	確認事項	備　考
外部委託先	会社名	担当者　　　　　　TEL.	
委託発注者	会社名	担当者　　　　　　TEL.	祭式経験（　　）回
祭式名称	対　象	地鎮祭・起工式・安全祈願祭・立柱式・上棟式・定礎式・修祓式・竣工式・落成式・その他（　　　　）	
祭式日時	予　定	月　日　時　分開始・準備完了　時　分迄	
設営日	予　定	月　日　時　分～　時　分	
現　地	設　備	電気（有・無）・水道（有・無）・トイレ（有・無）	
写　真	手　配	有・無	
神事規模	参列者	建築主（　）人・来賓（　）人・設計者（　）人 施工者（　）人・合計（　）人	神職（　）人
奉献酒	銘　柄	指定（有・無）銘柄名（　　　）・（　）組	
神　社	特殊性		
控室	規　模	受付（有・無）・クローク・パイプハンガー・番号札 湯茶接待・手土産台・控室・展示物・パース・模型	
看板類	種　類	祭場・直会・受付・控室・お手洗い・祭場名看板	
直会規模	参列者	建築主（　）人・来賓（　）人・設計者（　）人 施工者（　）人・合計（　）人	
	テーブル	配置	
	程　度	立食・着席	
	弁　当	運転手用手配	
	感謝状	有・無（有りの場合社長名になっているか）	
マイク	神　事	有・無	
	直　会	有・無　演台（有・無）	
空　調	ストーブ	有・無	
	エアコン	有・無	
	扇風機	有・無	
当　日	応　援	要・否	
地　盤	状　況	土・砕石・アスファルト・その他（　　　　）	
	平坦度		
床	種　類	石・タイル・VAタイル・タイルカーペット・ その他（　　　）	
依頼事項	作業所		
備　考			

● 3　各祭式用チェックリスト

各祭式ごとのチェックリストである．

● 地鎮祭（起工式）用

地鎮祭（起工式）用チェックリスト 工事名称（　　　　　　　　）・場所（　　　　　　）			年　　月　　日作成 年　　月　　日修正
項　目	手配チェック		
参列者 ＊（注）	[建築主] □代表者 □役員 □担当者	[設計者] □代表者 □役員 □担当者	[施工者] □代表者 □役員 □担当者
	[地元] □地権者 □地元有力者	[取引先] □主要取引先 □主要取引金融機関	[関係官庁] □長 □担当者
準備品	[テント] □受付 □神職控室 □控室 □祭場 □直会会場	[祭場] □紅白幕・几帳幕 □浅葱幕（青白幕） □式次第 □斎竹 □注連縄 □案 □神饌 □三方	□奉献酒 □玉串 □御神酒＋かわらけ [地鎮の儀] □斎鎌 □斎鋤 □斎鍬 □草
	[祭場入口] □手水用具（手桶） □手水用具（柄杓） □手水用具（受桶） □手水用具（紙受け） □半紙（手拭紙）	[控室] □完成模型 □パース（完成予想図）	[受付] □受付名簿・硯，筆 □雨傘 □胸章 □記念品・引出物 □携帯品預所・預札
	[直会会場] □生花・盆栽 □ビール □ウィスキー □ジュース □グラス □サンドイッチ □オードブル □乾物 □栓抜き	[共通] □席札 □テーブル □椅子 □ストーブ □扇風機 □カメラ・ビデオ □拡声装置 □録音機器 □スタンドマイク □灰皿 □おしぼり	[その他] □トイレ □駐車場看板 □敷ござ（神職用） □のし袋（初穂料・神饌料） □水引き □麻ひも □招待状
その他	[神職] □司会者・神職打合せ □神職の送迎	[神事] □地鎮の儀での所役の決定 □玉串奉奠の順序の決定 □写真撮影者依頼 　　（ビデオ撮影）	[参列者] □招待状発送 　参列者への案内 □出欠確認 □記念品発注 □来賓への祝辞依頼 □駐車場の確保

＊（注）参列者欄は，確認の漏れを防ぐ目的で使う．人数は参列者名簿でカウントするとよい．

●上棟式用

上棟式用チェックリスト 工事名称（　　　　　　　）・場所（　　　　　　　）			年　月　日作成 年　月　日修正
項目	手配チェック		
参列者 ＊（注）	[建築主] □代表者 □役員 □担当者	[設計者] □代表者 □役員 □担当者	[施工者] □代表者 □役員 □担当者
	[地元] □地権者 □地元有力者	[取引先] □主要取引先 □主要取引金融機関	[関係官庁] □長 □担当者
	[関係先] □近隣会社 □主要テナント代表者	[施工者協力会社] □建築関係	□設備関係
準備品	[テント] □受付 □神職控室 □控室 □式場 □直会会場	[祭場] □紅白幕・几帳幕 □浅葱幕（青白幕） □式次第 □斎竹＋注連縄 □案	□神饌 □三方 □奉献酒 □玉串 □御神酒＋かわらけ
	[上棟の儀] □棟札・幣串・振幣 □木槌・弓矢 □曳綱 □散餅・散銭 □博士杭	[鉸鋲（こうびょう）の儀] □鋲・スパナ・ハンマー 　（金，銀） □ヘルメット □白手袋 □鋲打機	[棟木納めの儀] □久寿玉 □紅白テープ □棟札 □ヘルメット □白手袋
	[祭場入口] □手水用具（手桶） □手水用具（柄杓） □手水用具（受桶） □手水用具（紙受け） □半紙（手拭紙）	[控室] □完成模型 □パース（完成予想図）	[受付] □受付名簿・硯，筆 □雨傘 □胸章 □記念品・引出物 □携帯品預所・預札
	[直会会場] □生花・盆栽 □ビール □ウィスキー □ジュース □グラス □サンドイッチ □オードブル □乾物 □栓抜き	[共通] □席札 □テーブル＋椅子 □ストーブ・扇風機 □カメラ・ビデオ □拡声装置 □録音機器 □スタンドマイク □灰皿 □おしぼり	[その他] □トイレ □駐車場看板 □敷ござ（神職用） □のし袋（初穂料・神饌料） □水引き □麻ひも □招待状
その他	[神職] □司会者・神職打合せ □神職の送迎	[神事] □上棟の儀での所役の決定 □玉串奉奠の順序の決定 □写真撮影者依頼 　（ビデオ撮影）	[参列者] □招待状発送 　参列者への案内 □出欠確認 □記念品発注 □来賓への祝辞依頼 □駐車場の確保

● 竣工式用

竣工式用チェックリスト		年　　月　　日作成
工事名称（　　　　　　　　　）・場所（　　　　　　　）		年　　月　　日修正

項　目	手配チェック			
参列者	[建築主] □代表者・役員 □担当者		[設計者] □代表者・役員 □担当者	[施工者] □代表者・役員 □担当者
	[地元] □地権者 □地元有力者		[取引先] □主要取引先 □主要取引金融機関	[関係官庁] □長 □担当者
	[関連先] □近隣会社 □主要テナント代表者		[施工者協力会社] □建築関係	□設備関係
	[建築主関連] □従業員（＋家族） □会社OB □株主 □同業者団体 □政財界・マスコミ		[取引先関係] □取引業者 □顧客 □銀行・証券会社 □販売店・特約店	[官庁] □所轄官公署 　警察・消防・税務 　労働基準監督署 　公共職業安定所等 □地方自治体
準備品	[テント] 一般的にはなし （建物内を使用）		[祭場] □紅白幕・几帳幕 □浅葱幕（青白幕） □式次第 □斎竹＋注連縄 □案	□神饌 □三方 □奉献酒 □玉串 □御神酒＋かわらけ
	[祭場入口] □手水用具（手桶） □手水用具（柄杓） □手水用具（受桶） □手水用具（紙受け） □半紙（手拭紙）		[控室] □完成模型 □パース（完成予想図） □招待者名簿 □祝い受け盆 □名刺受け	[受付] □受付名簿・硯，筆 □雨傘 □胸章・胸花 □記念品・引出物 □携帯品預所・預札
	[落成会場] □生花・盆栽 □ビール □ウィスキー □ジュース □グラス □サンドウィッチ □オードブル □乾物 □栓抜き □国旗・社旗 □タイトル・演壇・金屏風		[共通] □席札 □テーブル □椅子 □ストーブ・扇風機 　（本設利用が一般的） □カメラ・ビデオ □拡声装置・BGM放送 □録音機器 □スタンドマイク □灰皿 □おしぼり	[その他] □トイレ □駐車場看板 □敷ござ（神職用） □のし袋（初穂料・神饌料） □水引き □麻ひも □招待状 □照明装置 □ネームプレート □説明パネル・パンフレット
その他	[神職] □司会者・神職打ち合わせ □神職の送迎		[神事] □竣工の儀での所役の決定 □玉串奉奠の順序の決定 □写真撮影者依頼（ビデオ撮影）	[参列者] □招待状発送 　参列者への案内 □出欠確認 □記念品発注 □来賓への祝辞依頼 □駐車場の確保
	□紅白幕（落成会場） □感謝状 □表彰盆 □式次第		□落成実行委員会 □出張パーティの依頼 □アトラクション企画・交渉 □礼状の発送	
招かれた時	□出欠の返事		□祝辞の用意	□お祝いの用意

●落成式・落成（竣工）披露用

落成式・落成（竣工）披露用チェックリスト 工事名称（　　　　　　　）・場所（　　　　　　）		年　月　日作成 　年　月　日修正	
項　目	手配チェック		
参列者	[建築主] □代表者・役員 □担当者	[設計者] □代表者・役員 □担当者	[施工者] □代表者・役員 □担当者
	[地元] □地権者 □地元有力者	[取引先] □主要取引先 □主要取引金融機関	[関係官庁] □長 □担当者
	[関連先] □近隣会社 □主要テナント代表者	[施工者協力会社] □建築関係	□設備関係
	[建築主関連] □従業員（＋家族） □会社OB □株主 □同業者団体 □政財界・マスコミ	[取引先関係] □取引業者 □顧客 □銀行・証券会社 □販売店・特約店	[官庁] □所轄官公署 　警察・消防・税務 　労働基準監督署 　公共職業安定所等 □地方自治体
準備品	[テント] 一般的にはなし （建物内を使用）	[祭場] なし	
	[祭場入口] なし	[控室] □説明パネル □パンフレット □招待者名簿 □祝い受け盆 □名刺受け	[受付] □受付名簿・硯，筆 □雨傘 □胸章・胸花 □記念品・引出物 □携帯品預所・預札
	[落成会場] □生花・盆栽 □ビール □ウィスキー □ジュース □グラス □サンドイッチ □オードブル □乾物 □栓抜き □国旗・社旗 □タイトル・演壇・金屏風	[共通] □席札 □テーブル □椅子 □ストーブ・扇風機 　（本設利用が一般的） □カメラ・ビデオ □拡声装置・BGM放送 □録音機器 □スタンドマイク □灰皿 □おしぼり	[その他] □トイレ 　（本設利用が一般的） □駐車場看板 □招待状 □照明装置 □ネームプレート
その他	[神職] なし	[神事] なし	[参列者] □招待状発送 　参列者への案内 □出欠確認 □記念品発注 □来賓への祝辞依頼 □駐車場の確保 □写真撮影者依頼 　（ビデオ撮影）
	□紅白幕 □感謝状 □表彰盆 □式次第	□落成実行委員会 □出張パーティの依頼 □アトラクション企画・交渉 □礼状の発送	
招かれた時	□出欠の返事	□祝辞の用意	□お祝いの用意

●定礎式用

定礎式用チェックリスト		年　月　日作成
工事名称（　　　　　　）・場所（　　　　）		年　月　日修正
項　目	手配チェック		

項　目	手配チェック		
参列者	[建築主] □代表者・役員 □担当者 □建築主令嬢等 　（除幕の儀行い手）	[設計者] □代表者・役員 □担当者	[施工者] □代表者・役員 □担当者
	[地元] 一般的にはなし	[取引先] 一般的にはなし	[関係官庁] 一般的にはなし
	[関連先] 一般的にはなし	[施工者協力会社] □建築関係	
準備品	[テント] □受付 □神職控室 □控室 □祭場 □直会会場	[祭場] □紅白幕・几帳幕 □浅葱幕（青白幕） □式次第 □斎竹 □注連縄 □案	□神饌 □三方 □奉献酒 □玉串 □御神酒 □かわらけ
	[定礎の儀] □定礎箱 □定礎銘板 □収納品 　（図面・完成予想図等）	[定礎の辞] □定礎石 □斎鐹 □斎槌	□モルタル入れ箱 □水平器 □垂直器 □白地幕（除幕用）
	[祭場入口] □手水用具（手桶） □手水用具（柄杓） □手水用具（受桶） □手水用具（紙受け） □半紙（手拭紙）	[控室] □完成模型 □パース（完成予想図）	[受付] □受付名簿・硯，筆 □雨傘 □胸章 □記念品・引出物 □携帯品預所・預札
	[直会会場] □生花・盆栽 □ビール □ウィスキー □ジュース □グラス □サンドイッチ □オードブル □乾物 □栓抜き	[共通] □席札 □テーブル □椅子 □ストーブ □扇風機 □カメラ・ビデオ □拡声装置 □録音機器 □スタンドマイク □灰皿 □おしぼり	[その他] □トイレ □駐車場看板 □敷ござ（神職用） □のし袋 　（初穂料・神饌料） □水引き □麻ひも □招待状 □白手袋 □定礎銘文の作成 □収納品の選定 □収納品写真撮影（ビデオ撮影） □リハーサル
その他	[神職] □司会者・神職打合せ □神職の送迎	[神事] □定礎の儀での所役の決定 □玉串奉奠順序決定 □写真撮影者依頼 　（ビデオ撮影） □定礎辞奉読者決定	[参列者] □招待状発送 　参列者への案内 □出欠確認 □記念品発注 □来賓への祝辞依頼 □駐車場の確保

●除幕式用

除幕式用チェックリスト 工事名称（　　　　　　）・場所（　　　　　）		年　月　日作成 年　月　日修正
項　目	手配チェック	

項　目			
参列者	[建築主] □代表者・役員 □担当者	[設計者] □代表者・役員 □担当者	[施工者] □代表者・役員 □担当者
	[地元] □地元有力者	[取引先] □主要取引先 □主要取引金融機関	[関係官庁] 一般的にはなし
	[建築主関連] □従業員（＋家族） □会社 OB □株主 □同業者団体	[取引先関係] □顧客 □販売店・特約店 □創業者・功労者 （本人）	[官庁] 一般的にはなし
	[関連先] □制作者（彫刻家） □揮毫者 □建立大口寄金者	[施工者協力会社] 一般的にはなし	[その他] □家族（遺族） □縁戚者
準備品	[テント] □受付 □神職控室 □控室 □祭場 □直会会場	[祭場] □紅白幕・几帳幕 □浅葱幕（青白幕） □式次第 □斎竹 □注連縄 □案	□神饌 □三方 □奉献酒 □玉串 □御神酒 □かわらけ
	[除幕の儀] □除幕用白幕	□曳綱	□感謝状（対 作者）
	[祭場入口] □手水用具（手桶） □手水用具（柄杓） □手水用具（受桶） □手水用具（紙受け） □半紙（手拭紙）	[控室] □説明パネル・パンフレット □像または碑の写真	[受付] □受付名簿・硯，筆 □雨傘 □胸章 □記念品・引出物 □携帯品預所・預札
	[直会会場] □生花・盆栽 □ビール □ウィスキー □ジュース □グラス □サンドイッチ □オードブル □乾物 □栓抜き	[共通] □席札 □テーブル □椅子 □ストーブ □扇風機 □カメラ・ビデオ □拡声装置 □録音機器 □スタンドマイク □灰皿 □おしぼり	[その他] □トイレ □駐車場看板 □敷ござ（神職用） □のし袋 　（初穂料・神饌料） □水引き □麻ひも □招待状 □白手袋 □像もしくは碑の写真の発注 □リハーサル
その他	[神職] □司会者・神職打合せ □神職の送迎	[神事] □除幕の儀での所役の決定 □玉串奉奠順序決定 □写真撮影者依頼 　（ビデオ撮影） □感謝状発注（対 作者）	[参列者] □招待状発送 　参列者への案内 □出欠確認 □記念品発注 □来賓への祝辞依頼 □駐車場の確保

▶5◀ 式次第と司会

進 行

● 1　概要

司会者は祭式の進行に重要な役目を持つ．十分な配慮の下準備が大切である．

　司会の不手際で祭式が順調に進行しない場合は，祭式の厳粛さや参列者の気持ちを損ね，工事そのものの印象をも悪くするから，十分な準備が必要である．
　祭式の進行に関する要点は，次の通りである．
①祭式の進行と司会要領について神職と打合せを行う．
②祝詞で奏上する建築主や関係各社の社名などには，ふりがなをつけて神職に提出する．
③行事内容について建築主および神職と打合せを行う．
④所役の人選に当たり，建築主と打合せを行う．
⑤玉串奉奠の人数・順序について建築主に確認をする．
⑥行事所役や補佐役，玉串奉奠者の役職と氏名の読み方を確認する．
　司会に当たり注意を要するのは，発言のタイミングである．このタイミングについての要点を次に示す．
①式次第を順を追って告げていくのは，神職が着席されて一呼吸おいてからとする．
②一同起立の時期は司会者が儀式名を告げ，神職が祭壇正面で一礼した頃とする．＊(注)
③着席の時期は，神事の内容に応じて次の通りとする．
　「修祓」では参列者を祓った後．
　「降神」「昇神」では警蹕の声（ウォー）が消えた時．
　「祝詞奏上」では読み終えた祝詞をたたみ始めた頃．

＊（注）神職によって起立・着席を願うタイミングが異なるので，司会者は十分な事前確認が必要である．

● 2　祭式の式次第と司会要領の例

司会者は，式次第の情景に合わせ，要点をおさえた司会要領を作り，スムーズな進行を心がける．

　地鎮祭，上棟式，竣工式などの式次第は，行事の部分以外は，各祭式とも共通である．

式次第	要　領	司　会
手　水	・手水 ○人 ・祭場案内係 ○人 ・案内係は以下の順に参列者を手水場へ案内する． 　（祭場入場の順も同じ） ①建築主　②来賓　③設計者 ④施工者　⑤その他 ⑥神職（神職が最初の場合もある） ・建築主は来賓を先導して入場する．	ご参列の方々は，お時間が参りましたので，祭場にお運び願います．携帯電話をお持ちの方は，スイッチをお切り下さい．
一同着席 斎主着席	・定刻5分前 ・案内係は参列者を手水の順に祭場へ案内する．	
開　式	・全員着席のまま	只今より，○○○○新築工事の○○○○（祭式名を言う）を○○神社○○様にお願いし，執り行います．
修　祓	・神職が立上り→祭壇正面へ→小揖＊（注1）後， 　→前進→祓詞（はらえことば）→参列者を祓う＊（注2） 　→神職着席 ＊（注1）お辞儀のこと．一礼する． ＊（注2）祓詞の奏上が終わり大麻（おおぬさ）を取り，神籬，神饌，玉串を祓った後，神職は参列者を祓う．	（開式宣言後，一呼吸おいて） 修祓 ご起立願います． ご着席願います．

式次第	要 領	司 会
降神の儀	・神職が立上り→祭壇正面へ 　→小揖後 　→前進→降神詞→警蹕＊（注1） 　→二拝二拍手一拝→下がり始める ＊（注1）「オー」という声のこと．一声または三声があるので，注意が必要．	（神職が着席され，一呼吸おいて） 降神の儀 ご起立願います． ご着席願います．
献　饌	・神職が神前に進み，一礼して瓶子と水玉のふたを取り，一礼して自席に戻る． ・参列者は着席のまま．	（神職が着席され，一呼吸おいて） 献饌
祝詞奏上	・神職が祭壇正面へ→小揖後 　→前進→祝詞奏上 　→二拝二拍手一拝→下がり始める．	（神職が着席され，一呼吸おいて） 祝詞奏上 ご起立願います． ご着席願います．
清祓の儀	・参列者着席のまま ・神職が切麻で祓う．	（神職が着席され，一呼吸おいて） 清祓の儀 四方祓が行われますので，そのまましばらくお待ちください．
行　事	・地鎮祭，上棟式，竣工式，その他の祭式で異なる形式で行われる． ・行事場での行事が行われる場合は，全員行事場へ移動する．行事の後，全員，元の祭場へ戻る．	

式次第	要　領	司　会
玉串奉奠		（神職が着席され，一呼吸おいて） 玉串奉奠
	・神職が玉串奉奠者に玉串を手渡す． ・初めに神職が玉串奉奠を行う． （ただし，最後になるケースもある．）	
		（神職が着席され，一呼吸おいて，玉串奉奠者の名前を読み上げる） 建築主代表 　○○○　○○○殿 関係者の方は自席にてご起立の上，ご列拝下さい．
	・建築主代表が玉串奉奠を行う．（建築主全員起立） 　→二拝二拍手一拝（建築主全員で行う） 　→下がり始める．（建築主全員着席）	
		設計者代表 　○○○　○○○殿
	・設計者代表が玉串奉奠を行う．（設計者全員起立） 　→二拝二拍手一拝（設計者全員で行う） 　→下がり始める．（設計者全員着席）	
		施工者代表 　○○○　○○○殿
	・施工者代表が玉串奉奠を行う．（施工者全員起立） 　→二拝二拍手一拝（施工者全員で行う） 　→下がり始める．（施工者全員着席）	
		（玉串奉奠がすべて終わったころ） 玉串奉奠は以上でございます．
撤　饌		（神職が着席され，一呼吸おいて） 撤饌
	・神職が神前に進み，一礼して水玉と瓶子のふたを戻し，一礼して自席に戻る． ・参列者は着席のまま．	

式次第	要　領	司　会
昇神の儀		（神職が着席され，一呼吸おいて） 昇神の儀 ご起立願います． ご着席願います．
	・神職が立上り→祭壇正面へ→小揖後 　→前進→昇神詞→警蹕 　→二拝二拍手一拝→下がり始める．	
閉　式		（神職が着席され，一呼吸おいて） 以上をもちまして，○○○○新築工事の○○○○（祭式名を言う）の儀，とどこおりなくお納めいたしました． まず，神官（神職のこと）様が退出されますので，しばらくお待ちください． なお，隣席にて直会の準備をしておりますのでお運び願います．
一同退下	・神職を控室に案内する． ・参列者を直会会場へ誘導する．	

祭場設営風景

これは，竣工式開始前に，外部委託先の祭場設営担当者が，座席の名札を付け，背もたれカバーや座布団を設置しているところである．

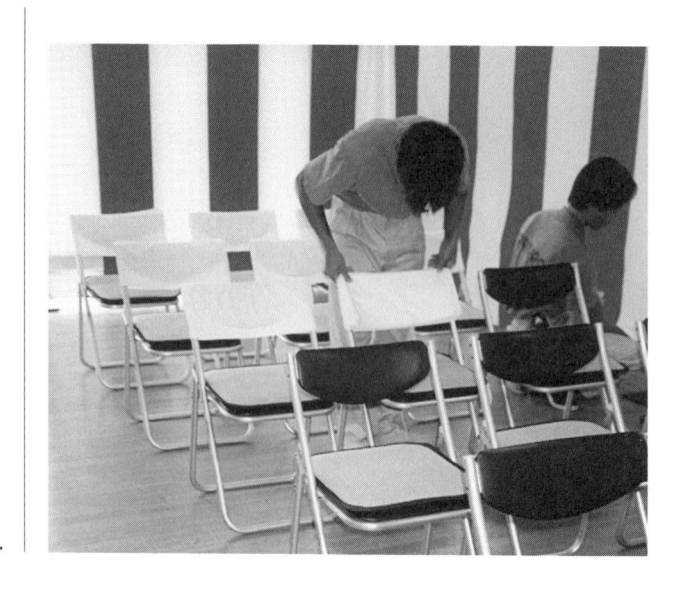

◉3　地鎮行事の司会要領の例

地鎮の儀における地鎮行事は，祭場内の盛砂を使って執り行う．

式次第	要　領	司　会
地鎮の儀		（清祓が終わり，神職が着席され，一呼吸おいて） 地鎮の儀 （やや間をおいて） 苅初の儀 　　〇〇〇　〇〇〇殿
（苅初）	・神職が鎌を設計者代表に手渡す．→設計者は鎌を持ち，神前にて一礼→盛砂位置→鎌で3度草を刈る所作→神前に一礼→神職に鎌を返還→自席へ	
（穿初）		（設計者が着席され，一呼吸おいて） 穿初の儀 　　〇〇〇　〇〇〇殿
	・神職が鋤を建築主代表に手渡す．→建築主は鋤を持ち，神前にて一礼→盛砂位置→鋤で3度穴を掘る所作→神前に一礼→神職に鋤を返還→自席へ	
（鎮物埋納）		（建築主が着席され，一呼吸おいて） 鎮物埋納
	・神職が神前より鎮物を取り，所定の位置に埋納する．→自席へ	
（鍬入）		（神職が着席され，一呼吸おいて） 鍬入の儀 　　〇〇〇　〇〇〇殿
	・神職が鍬を施工者代表に手渡す．→施工者は鍬を持ち，神前にて一礼→盛砂位置→盛砂に3度鍬を入れる所作→神前に一礼→神職に鍬を返還→自席へ	
		（施工者が着席され一呼吸おいて） 地鎮の儀は以上でございます．

◉ 4　上棟行事の司会要領の例

上棟の儀における上棟行事は，祭場の外の上棟行事場を使って執り行う．

次に，鉄骨造における例を記述する．

式次第	要　領	司　会
上棟の儀		（神職が着席され，一呼吸おいて） 上棟の儀 （やや間をおいて） 棟札・幣串の授与 　〇〇〇 〇〇〇殿 　〇〇〇 〇〇〇殿 　〇〇〇 〇〇〇殿
（棟札の授与）	・建築主→設計者→施工者の順番に神前に一拝し→祭壇に向かって並ぶ． ・施工者の代表が前に出たら，作業所長も前に出て横に立つ． ・神職が祭壇に置かれている棟札を持ち，参列者に前を見せて立て，建築主へ手渡す．→設計者→施工者→作業所長→鳶職職長 ・鳶職職長は正中の後で待機，設計者→施工者へ渡された時に前へ進んで作業所長より受取り下がる（→祭場を出て所定の位置に設置）．	棟札の授与
（幣串の授与）	・棟札と同じ要領で幣串の受渡しリレーが順に行われる．	幣串の授与 （幣串の授与が終わり，一呼吸おいて） 棟札・幣串の授与は以上です．お席にお戻り願います． （全員着席の後） 上棟行事を行いますので神官（神職のこと）様に続き，上棟行事場へお移り願います．

式次第	要　領	司　会
上棟の儀		（全員が上棟行事場にて所定の位置に着かれ，一呼吸おいて） 清祓の儀
（鉸鋲）	・神職が鉄骨梁を祓い，道具祓う→下がり始める．	（神職が戻られ一呼吸おいて） 鉸鋲の儀 （やや間をおいて） 金銀ボルトナット入れ 　○○○　○○○殿
	・施工者代表が，神職の前に進み，一礼して三方を受取り，補佐役へ渡す．→補佐役の先導で鉄骨梁の前に進み，三方より金ボルトを取出し梁の右側へ，さらに銀ボルトを取出し，梁の左側へ仮付けする．→補佐役の先導で神職の前に進み，補佐役より三方を受取り，神職に渡す．→一礼して，所定の位置へ戻る．	（施工者代表が戻られ，一呼吸おいて） 金銀ボルトナット締め 　○○○　○○○殿
	・設計者代表が，ボルトナット入れの施工者代表と同じ所作で，金銀スパナにてボルトナット締めを行う（ボルトを三回まわして締め付ける）．→一礼して，所定の位置へ戻る．	（設計者代表が戻られ，一呼吸おいて） 鉸鋲の検知 　○○○　○○○殿
	・建築主代表が，施工者代表，設計者代表と同じ所作で，金銀ハンマーにて鉸鋲の検知を行う（ボルトを軽く三回たたく）→一礼して所定の位置へ戻る．	（建築主代表が戻られ，一呼吸おいて） 鉸鋲の儀は以上です． （やや間をおいて） 曳綱の儀 参列者ご代表による曳綱の儀を執り行います．お名前を読み上げさせていただきますので，綱のところまでお進み願います．
（曳綱）		

式次第	要　領	司　会
上棟の儀 （曳綱）		（一呼吸おいて） 右曳綱 　○○○　○○○殿 　　　　⋮
	・読み上げられた建築主の，参列者は全員で右側の綱を持つ．	（一呼吸おいて） 左曳綱 　○○○　○○○殿 　　　　⋮
	・読み上げられた設計者，施工者の参列者は全員で左側の綱を持つ．	（一呼吸おいて） 振幣授与 　○○○　作業所長 　○○○　殿 　　　　⋮
	・作業所長は一礼して，神職より振幣を受取り，所定の位置に進む．	（一呼吸おいて） それでは，○○所長がエィエィエィと3回掛声を発しますので，オーの掛声の後参列者の方はエィエィエィのご発声を3回続けてその都度お願いします． （一呼吸おいて） それでは，○○所長，お願いします．
	・作業所長は，「エィエィエィ」と発声する→補佐役は「オー」，参列者は「エィエィエィ」と3回掛声を出し，綱を曳く→この所作を計3回繰返す．	
（久寿玉開き）		（全員が所定の位置へ戻られ，一呼吸おいて） 曳綱の儀は以上です． （やや間をおいて） 久寿玉開き （一呼吸おいて） ○○○○の新築工事の上棟を祝って，華やかに久寿玉を開いていただきます． 　○○○　○○○殿
	・読み上げられた建築主は，久寿玉のところへ進み，補佐役から紐を受取る．	

式次第	要　領	司　会
上棟の儀 （久寿玉開き）	・建築主，紐を引く．	久寿玉が開きましたら，皆様方の盛大な拍手をお願いします． （拍手が鳴り終わって） 有難うございました．自席へお戻り願います． （全員が所定の位置に戻られ，一呼吸おいて）
（棟木納め）		棟木納めの儀 （合図によって梁が吊り上げられたら） 梁はこれより最上階に向かって吊り上げられます．今一度盛大なる拍手をお願いします． （拍手が鳴り終わって）
（槌打ち）	・作業所長の「千歳棟」の発声で，槌打ち役は「オー」と応え棟木を打つ．続いて「万歳棟」「永々棟」の発声に応じ，続けて棟木を打つ．	 上棟の儀は以上でございます．神官（神職のこと）様に続き，式場（祭場のこと）へお戻り願います．

◉ 5　竣工行事の司会要領の例

竣工式の清祓の儀における竣工行事は，参列者所役による行事はなく，斎主による清祓が行われる．

式次第	要　領	司　会
清祓の儀	・神職は，祭場を出て，新築建物の入口から始まり，所定の各部屋のお祓いを行った後，祭場へ戻り，自席へ戻る．	（神職が着席されて一呼吸おいて）清祓の儀 （神職が着席されて一呼吸おいて） 清祓の儀は以上でございます．

● 6　直会の進行および司会要領の例

直会の進行については，来賓挨拶までが儀式と考え，司会者の配慮が必要である．

事前確認事項

神酒拝戴の有無および立席か着席かを決める．

進　行	摘　要	司　会
開会の辞	祭場案内係がテーブルへ来賓を案内する．	只今より○○○○新築工事，○○○○（祭式名を言う）直会を行います．
神酒拝戴 ＊（注）神事と同一出席者の場合 ＊（注）発声者は神職となる．	全員着席後 全員起立	直会に先立ちまして，神官（神職のこと）様のご発声により，神酒拝戴を行いたいと思いますので，お手元のかわらけをお持ち願います． 皆様ご起立をお願いします． ＊（注）神職のご発声で神酒を頂く． （終わったら） 有り難うございました．ご着席下さい．
挨拶祝辞 ＊（注）順番については建築主と打合せする．	建築主，設計者，施工者など，さらに来賓の祝辞がある時は紹介する．	只今より○○○○　○○○様よりご挨拶をいただきたいと思います． ○○○○様お願い致します． 有難うございました． （これを挨拶予定者が終わるまで繰り返す）
	乾杯	乾杯のご発声を○○○○　○○○様にお願いしたいと思います． 乾杯の準備をお願いします． それでは，○○○○　○○○様よろしくお願いします．
	祝電披露	（適当な時に祝電があれば，披露する）
宴		心ばかりのものですが，どうぞしばらくご歓談下さい． （たえず全体を見回し，宴がうまく進行しているか否かを確認する）
万歳三唱		ご歓談中誠に恐縮ではございますが，ここで万歳を三唱したいと思います．ご発声を○○○　○○○様にお願い致します． 皆様ご起立願います．
	全員起立 万歳三唱終了後	有難うございました． それでは，○○○○　○○○様に手締めをお願い致します． 有難うございました．
閉会		（以上をもちまして，お開きにさせていただききたいと存じます．本日は有り難うございました．今後共ご協力の程お願い致します）

● 7　司会者の当日の心得

司会者は，十分な下準備のもと，祭式当日は，円滑な進行を図る責任者として細やかな心配りを忘れないようにする．

① 神職との打合せで「式次第の所作終了毎に自席に帰っていただくこと」をお願いしておく．その場合，神職は座られるか，立たれるかも確認しておく．
② 会場で神籬，神饌などの準備完了を見届けた上で，念のため祝詞文中の工事名称，建築主，設計者，施工者名および役職氏名に間違いがないか確認する．
③ 行事所役については，祭式打合せ時に前もって説明しておく．さらに開式の前に盛砂の前でリハーサルをするとよい．
④ 司会の原稿を必ず作成し，簡単な製本にしておく．原稿をポケットから取出すことはしないこと．
⑤ 早口で聞き取りにくい話し方ではなく，大きな声でゆっくりと間をとり話すようにする．語尾をはっきり言う．万一間違えた場合は「失礼しました」と一言詫びて訂正する．
⑥ 行事に参加する人の呼出しは，会社名・役職・氏名の順とする．
⑦ 事前に司会進行表を作成し，リハーサルを行っておく．その時，他人に聞いてもらい，批評してもらう．
⑧ 来賓などの挨拶をされる方は，事前に「○分以内で簡潔にお願いします」と断っておく．

簡潔な挨拶

「寸鉄人をさす」の言葉は至言である．短くて人の心にくい入る言葉を指す．
挨拶は短ければ短いほどよい．3分を超える長い挨拶は禁物だ．言葉が重複しないよう最小の言葉で最大の効果をあげる．無駄な言葉は一字でも削る．人真似言葉やありきたりの格言の流用は避ける．聞き手の目を全般に見回し，真心を込め，自分の言葉で語ればよい挨拶となる．

▶6◀ 英文版式次第の例

神式・祭式

●1 概要

日本での建築祭式に参列する外国人の建築主，来賓や建設関係者への事前説明用資料として，地鎮祭，上棟式，竣工式を紹介する．

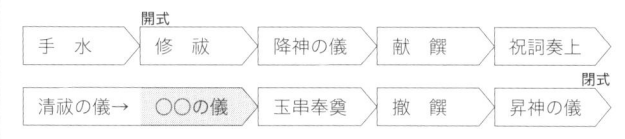

```
                開式
┌ 手 水 ┐→┌ 修 祓 ┐→┌ 降神の儀 ┐→┌ 献 饌 ┐→┌ 祝詞奏上 ┐
                                                        閉式
┌ 清祓の儀→┐→┌ ○○の儀 ┐→┌ 玉串奉奠 ┐→┌ 撤 饌 ┐→┌ 昇神の儀 ┐
```

●式の流れ

　各祭式の式次第は「行事」（○○の儀）の部分以外はすべて同じである．各祭式共通の式次第を最初に紹介し，続いて個別の祭式の概要と個別の○○の儀を解説する．

Purification	(Shubatsu) 修祓
The Shinto priest bows twice. (Stand up and lower your heads) The priest chants the purification words, "I now recite with profound reverence … ", bows twice, and then claps hands twice. (Raise your heads and be seated.) The priest offers a sacred sprig on the altar with a ritual implement, and then faces the attendants. (Stand up and lower your heads.) The priest purifies them with the purification sprig. (Afterwards, raise your heads and be seated.)	

Descension of the Deity	(Koshin-no-gi) 降神の儀

The priest bows twice before the altar. (Then, stand up and lower your heads.)
The priest bows twice and then claps hands twice after saying, "Oh!" (Then, raise your heads and be seated.)

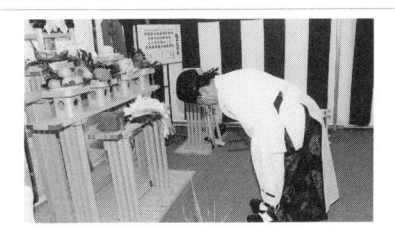

Offering Presentation	(Kensen) 献饌

The priest removes the caps from white unglazed sake bottles and the water pot. (Remain seated.)

Congratulatory Address	(Norito-sojo or Norito) 祝詞奏上

The priest bows twice before the deity. (Then, Stand up and lower your heads.)
After completion of the Congratulatory Address, the priest bows twice and then claps hands twice. (Then, raise your heads and be seated.)

Purification of the Site	(Kiyoharai-no-gi) 清祓の儀
Ceremony	(○○-no-gi) ○○の儀
Sacred Sprig Offering	(Tamagushi-Hoten) 玉串奉奠

The priest takes the sacred sprig from the altar and faces the attendants. (Come to the front when your name is called. Bow once and receive the sacred sprig.)
The representative offers the sacred sprig and then places it on the altar. The representative deeply bows twice, claps hands twice and deeply bows once. (When your representative performs this offering stand up, bow once, clap your hands twice, and bow once. These actions should be in union with your representative.)

Removal of the Offerings	(Tessen) 撤饌

The priest places caps on the white unglazed sake bottles and the water pot. (Remain seated)

Ascension of the Deity	(Shoshin-no-gi) 昇神の儀

(Stand up and lower your heads.) The priest bows to the deity twice and claps hands twice after saying, "Oh!" (Raise your heads and be seated.)

Partaking of Sake	(Shinshu-Haitai) 神酒拝戴

The priest confirms that every participant is provided with an unglazed shallow cup filled with sake. (Stand up and take a sip of sake when asked to do so.)

The priest shouts, "Congratulations!", and everyone gives cheers in chorus.

● 2 地鎮祭

The Ground Breaking Ceremony (Jichinsai) is a ritual for prayers by the owner, the architects and the builders to the deity (kami) of architecture and carpentry for safety during the work.

● GROUND BREAKING CEREMONY （地鎮祭）

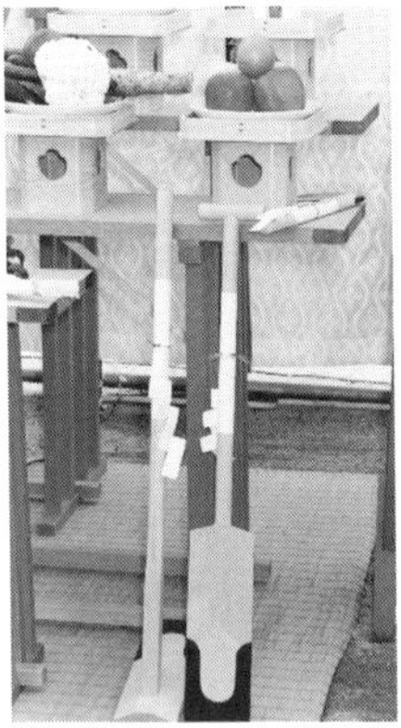

● Sickle （鎌）
　Spade （鋤）
　Hoe （鍬）

● Sacred box
　（鎮物）

Ceremony	The Groung Breaking Ritual(Jichin-no-gi) 地鎮の儀
Mowing Ritual	(Karizome-no-gi) 苅初の儀
The priest takes sickle (kama) and faces the front. A representative of the design office is called, comes to the front, receives the sickle and performs the Mowing Ritual. (Bow to the deity, proceed to the sand mound and symbolically pretend to cut the grass placed in the sand mound. Then, bow to the deity and hand the sickle to the priest.)	
Digging Ritual	(Ugachizome-no-gi) 穿初の儀
The priest takes a spade (suki) and faces the front. A representative of the owner is called, comes to the front, receives the spade and performs the Spading Ritual. (Bow to the deity, proceed to the sand mound and make three light jabs into the sand with a shout, "Ei-Ei-Ei" Then, bow to the deity and hand the spade to the priest.)	
Respecting the Spirit of the Land	(Shizumemono-maino) 鎮物埋納
The priest buries a sacred box praying for protection.	
Hoeing Ritual	(Kuwaire-no-gi) 鍬入の儀
The priest takes a hoe (kuwa) and faces the front. A representative of the builder is called, comes to the front, receives the hoe and performs the Hoeing Ritual. (Bow to the deity, proceed to the sand mound and make three light cuts into the sand with a shout, "Ei-Ei-Ei". Then, bow to the deity and hand the hoe to the priest.)	

第6章 実務マニュアル

● 3　上棟式

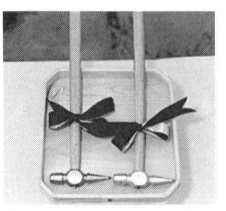

●Hammer（ハンマー）

The Topping Out Ceremony (Jotoshiki) is a ritual for prayers by the architects and builders to the deity of architecture and carpentry in order to express their appreciation for the progress made in the work to date and to ask for the safe completion of the work. For steel construction, the Topping Out Ceremony is actually done by means of the Rivet Striking Ritual.

● TOPPING OUT CEREMONY　（上棟式）

Ceremony	The Topping Out Ritual(Joto-no-gi) 上棟の儀

The names of representatives from the owner's side and then the builder are called in that order.
These representatives slowly start walking to the Rivet Striking Ceremony grounds in the following order: a guide, the priest, the person carrying the gold rivet, the person carrying the hammer, the owner and the representative from the builder.
These people line up in front of the Rivet Striking Ceremony grounds, and are then all purified by the priest. These representative from the builder receives the gold rivet from the person carrying it and places it in the specified position. In the case of a silver rivet, the same procedure is repeated. The representative from the owner receives the hammer from the person carrying it and hammers the head of the gold rivet three times.

● 4　竣工式

●Alter（祭壇）

The Completion Ceremony (Shunko-shiki) is a ritual performed by the owner and carpenters to thank the deity (kami) of architecture and carpentry that the building has been successfully completed under his protection. Prayers are offered for the continued safety of the building and for the prosperity of the owner. In some cases, this ritual is also called the Opening Ceremony (Kokera-Otoshi)

● COMPLETION CEREMONY　（竣工式）

Ceremony	Purification of the Site (Kiyoharai-no-gi) 清祓の儀

The priest purifies all four corners and the center of the ceremony ground.(Remain seated.)

▶7◀ 文例・挨拶の例

スタイル

◉1 感謝状

感謝状は，一般的には設計者および施工者に対して，竣工式，落成式において建築主より贈呈される．

　その文例について，ここでは「落成式」を例に取り，以下に記す．

```
感　謝　状

○○建設株式会社殿

　貴社は、弊社○○○○の建設工事を担当され、多年の経験と優秀な人材をもって、工期を遵守し、安全にも努力を重ね、立派な成果を挙げられました。
　本日ここに、落成式を挙行するにあたり、貴社のご功績に対し、記念品を贈呈し、感謝の意を表します。

平成○○年○月○日
　○○産業株式会社
　　代表取締役社長　○○　○○
```

◉落成式の感謝状の礼

感謝状を作成する時の主な留意点を次に記す．
・贈呈先の優秀性を称え，建築主の高い満足度を表明する．
・副賞として金一封または記念品を贈ることを表しておく．
・感謝の意は最後に表明する．
・上記の文例の表現の中の「多年の経験と優秀な人材」と同じ意味で，「豊富な経験と優れた技術」あるいは「卓越した技術と細心の配慮」などの表現が，また「工期を遵守し」と同じ意味で「当社の要望をよく理解され」などの表現が使われる．

● 2 招待状と礼状

祭式の前後に出されるふたつの書状が「招待状」と「礼状」である．

その文例について，ここでは「地鎮祭」「竣工式」「落成（竣工）披露」を例に取り次に記す．

サイズおよび形式は，往復葉書大の2つ折が一般的だが，3つ折の場合もある．招待状の場合は，封書に返信用葉書を添えて送付される．

謹啓　○○の候ますますご清栄のこととお喜び申し上げます。平素は何かと格別のご高配を賜りましてありがたく厚く御礼申し上げます。
さて、弊社にてかねてより計画中の○○ビルディングが、お陰をもちましてこのほど着工の運びとなりました。
つきましては、左記により地鎮祭を挙行いたしたいと存じますので、ご多用のところまことに恐縮でございますが、ご来駕くださいますようご案内申し上げます。

敬　白

記

一、日　時　○○年○月○日
　　　　　　午前○時より午後○時まで
一、場　所　○○市○○町○丁目○○番地
　　　　　　（○○○○内）
　　　　　　○○○○株式会社
　　　　　　取締役社長　○○○○

● 地鎮祭（建築主主催）の招待状の例

追って、お手数ながらご都合のほどを同封ハガキでお知らせいただければ幸甚に存じます。
なお、当日は午前○時○分までに会場へお越しいただきますよう、また、平服でお願いいたします。
ご来臨の節は、本状封筒を会場受付へお示しくださるようお願い申し上げます。

● 同封用追伸の例

謹啓　時下いよいよご清祥にわたらせられ慶賀の至りに存じ上げます。平素は格別のご懇情を頂き、厚く御礼申し上げます。
さて、この度○○株式会社（建築主）から○○ビルディング新築工事の施工方ご下命をいただきました。
つきましては、左記により地鎮祭を執り行わせていただきますので、ご繁忙中まことに恐縮でございますが、何卒ご来臨の栄を賜りますようご案内申し上げます。

敬　白

記

一、日　時　○○年○月○日　午前○時
　　　　　　（晴雨にかかわらず挙行いたします）
一、場　所　○○市○○町○丁目○○番地
　　　　　　（○○○○内）
　　　　　　○○建設株式会社
　　　　　　取締役社長　○○○○

● 地鎮祭（施工者主催）の招待状の例

追って、お手数ながらご都合のほどを同封ハガキでお知らせいただければ幸甚に存じます。
なお、当日は午前○時○分までに会場へお越しいただきますよう、また、平服でお願いいたします。
ご来臨の節は、本状封筒を会場受付へお示しくださるようお願い申し上げます。

竣工式，落成（竣工）披露（建築主主催）の招待状の例

平成〇年〇月〇日

　　　　　　　　　　代表取締役〇〇〇〇
　　　　　　　　　　〇〇〇〇株式会社

拝啓　春暖の候　ますますご清栄の段お慶び申し上げます。日頃は、格別のお引立てに預かり厚くお礼申し上げます。
さてかねてより工事中でございました弊社新社屋が、皆々様の温かいご支援のもとにお陰様をもちましてようやく竣工の運びとなりました。
つきましては、誠にささやかながら感謝の意を表すべく左記により披露の小宴を催したく存じますので、ご多用中恐縮ながらご臨席賜りますようお願い申し上げる次第でございます。
まずは略儀ながら書中をもちましてご案内申し上げます。

敬具

記

一、日時　〇〇年〇月〇日（〇）
　　　　　午前〇時〜午後〇時
一、場所　〇〇〇〇
　　　　　〇〇市〇〇町〇丁目〇番〇号

追伸　恐れ入りますがご来場の節は本状封筒を受付にお示し下さい。

落成（竣工）披露（建築主主催）の招待状の例

謹啓　〇〇の候、ますますご清祥のこととお喜び申し上げます。平素は格別のお引立てにあずかりまして、厚くお礼を申し上げます。
さて、かねてより建設中でありました弊社〇〇ビルが〇月をもって無事竣工の運びとなりました。これもひとえに、皆様方のご支援によるものと深く感謝いたしております。
つきましては、当ビルの披露かたがた小宴を催したく、ご多用中誠に恐縮ではございますが、何卒、万障お繰りあわせの上ご来臨賜りますようお願い申し上げます。

敬白

平成〇〇年〇月吉日

　　　　　　　　　〇〇株式会社
　　　　　　　　　代表取締役社長
　　　　　　　　　　〇〇〇〇

記

一、ところ　新社屋〇階　大会議室
一、時　　　〇〇年〇月〇日　午前〇時から

ご来臨のおりには本封筒を受付にご提示ください。
恐れ入りますが、ご出席の諾否を〇月〇日までにお知らせくださいますようお願い申し上げます。

落成（竣工）披露，建築主からの礼状の例

拝啓　貴社におかれましては、ますますご繁栄のこととお慶び申し上げます。
さて、このたびは、当社〇〇ビル落成披露にあたりましては公私ともご繁用のところ、親しくご光来の上、ご丁重なお祝詞、お祝いくの品までご配慮いただきましたこと、重ね重ねのご厚志に対し、心からお礼申し上げます。
当日は不行届きの点も多く、ご迷惑をおかけしたことと存じますが、あしからずご寛容賜りますようお願い申し上げます。
弊社は、〇〇ビルの落成を新たなスタートラインとして、全社員一丸となって、ますますの社業発展にまい進する所存でございます。どうか、倍旧のご支援をいただきたく、ここにお願い申し上げます。
まずは寸書お礼かたがた、謹んでご挨拶申し上げます。

敬具

〇〇年〇月〇日

　　　　　　〇〇株式会社
　　　　　　代表取締役社長
　　　　　　　〇〇〇〇

● 3　定礎銘

定礎銘板に記される定礎銘の文章は，建築主側で作成する．

　「定礎銘」は「定礎の辞」とも言い，定礎箱に入れる定礎銘板（真鍮または銅製の板）に記される文言である．

　その要点について一般的な例を次に記す．文章は建築主の考え方でまとめられるが，事例のように簡潔な表現に止める場合もある．定礎銘は奉書に書き移しておき，定礎式の定礎銘披露の中で，建築主が奉読する．

定礎銘に記される内容

- 礎石鎮定の言葉
- 着工からの経緯
- 会社の沿革
- 建物建設の意義
- 工事関係者の氏名

定礎銘

株式会社○○○
東京都○○区○丁目○番地
平成　年（西暦○○○○年）
　月　日
茲に永世不朽の礎石を奠定する

斎　主　○○神社　○○○○

施工者
　○○○○株式会社
　取締役社長　○○○○

株式会社○○○○
取締役社長　○○○○

● 事例 1

定礎銘

○○○○株式会社○○○○（ビル名または会社名）を○○県○○市○○丁目○○番地に新築するにあたり，揺ぎない礎石とともに，本社（会社名）の弥栄を冀求して，茲に永世不朽の柱礎を鎮定する．

平成　年　月　日

斎　主　○○神社　○○○○

工事関係者
　○○○○株式会社
　取締役社長　○○○○

設計監理者
　株式会社○○○○
　取締役社長　○○○○

工事施工者
　株式会社○○○○
　取締役社長　○○○○

● 事例 2

第6章 実務マニュアル

定礎銘板の表と裏

一般には銘板の表側に定礎銘を記すが，表と裏が使われる場合もある．下記の事例を参照のこと．

事例3

定礎の辞

私どもは創業以来○○年、社員一同社業発展に努めて参りましたが、ご縁があり、この地に新たにこの建物の隆盛を図ることによって一層の社業の隆盛を図るとともに、地域社会の発展に寄与すべく全力をあげるつもりでございます。

本日、ここに定礎の儀をあげるに当たり、永久（とわ）にゆるぎなき礎石を鎮定いたします。

平成○○年○月○日

株式会社○○○○
取締役社長　○○○○

事例4

（表）

定礎銘

学校法人○○大学は○○○○記念事業の一環として○○○○○○○に○○を新築するにあたり報恩奉仕を旨とする本学の建学精神にもとづき有為なる青年を育成し、もって本学の発展と人類社会の繁栄に寄与することを期して、ここにゆるぎなき永世不朽の礎石を鎮定する。

平成○○年○月吉日

　　　　○○大学
　　　　理事長　○○○○
　　　　学　長　○○○○

建物の名称　○○○○
所　在　地　東京都○○区○○町○丁目○番地
建　築　主　学校法人○○○○
工　　　期　着工　平成○年○月○日
　　　　　　竣工　平成○年○月○日
規　　　模　敷地面積　○,○○○.○○平方米
　　　　　　建物〃　　○,○○○.○○平方米
　　　　　　延床〃　　○,○○○.○○平方米
構　　　造　階数　地下○階地上○階塔屋○階
　　　　　　　　　○○○○○造

（裏）

○○大学

法　人
　理事長　　　○○○○
　常務理事　　○○○○
　常務理事　　○○○○
　常務理事　　○○○○
　常務理事　　○○○○
　常務理事　　○○○○
　常任理事　　○○○○
　常任理事　　○○○○
　常任理事　　○○○○
　理　事　　　○○○○
　理　事　　　○○○○
　監　事　　　○○○○
　常任顧問　　○○○○

教　学
　理　事　　　○○○○
　学　長　　　○○○○
　学部長　　　○○○○
　学部長　　　○○○○
　学部長　　　○○○○
　学部長　　　○○○○
　学部長　　　○○○○
　主任　大学院○学研究科　○○○○
　主任　大学院○学研究科　○○○○
　主任　大学院○学研究科　○○○○
　主任　大学院○学研究科　○○○○

工事関係者
　設計監理　株式会社○○○○○
　　　　　　代表取締役　○○○○
　施　工　　株式会社○○○○
　　　　　　取締役社長　○○○○

● 4　挨拶の例

祭式の後で催される直会や落成式などでは，参列各社の代表者が挨拶を行う場合が多い．

ここでは，簡単に挨拶のポイントを記しておきたい．

[建築主]
「祝宴の主旨」「喜びの言葉」「会社概要と平素のお礼」「着工の経緯」「建設の意義」「建物の特徴」「今後の決意」(将来計画への支援依頼)「関係者へのお礼」(冒頭の場合もある)

[来賓]
「挨拶の立場」「設計内容への賛辞」「建築主への賛辞」「招待へのお礼」「結び」(建築主の繁栄を祈る)

[設計者]
「お祝いの言葉」「挨拶の立場」「建築主への賛辞」「平素のご愛顧へのお礼」「設計受注の経緯」

「設計の特徴」「建築主の指導のお礼」(「工事経過」)

「施工者への賛辞」「監理受託のお礼」

「完成までの決意」(竣工式などでは「完成後の景観」)「関係者への協力依頼」(竣工式などでは「将来計画」)「結び」(竣工式などでは，建築主の繁栄を祈る)

[施工者]
「お祝いの言葉」「喜びと感謝の言葉」「建物の特徴」「敷地条件」「施工方針(決意表明)」「工事の苦労話」「工事の経緯」「工事を通じて学んだこと」「工事で採用した工法・技術」「建設の意義」

「(設計施工分離での)設計内容への賛辞」「建築主・(設計施工分離での)設計監理者の指導のお礼」「結び」(竣工式などでは，建築主の繁栄を祈る)

印象に残る挨拶

「感謝」や「お礼」の言葉を述べる場合，実際に起こった具体的な事実を引合いに出すと印象深いものになる．

○○株式会社様は，申し上げるまでもなく，わが国における○○の草分けでございまして，○○○を経営理念とされ，わが国の○○文化の向上発展に大いに貢献しておられます．	◀建築主への賛辞
私どもは施工を担当される○○建設様ともども，この責任の重大であることを認識して，○○株式会社様のご期待にそうように努力いたす覚悟でございます．	◀完成までの決意
建築主であられます○○株式会社様の一層のご指導とご鞭撻を賜りますよう，ひとえにお願い申し上げます．	◀結び

●地鎮祭における設計者挨拶例

工事の方は順調に進渉し，上棟式の運びとなりましたことは，まことに喜ばしい限りであります．	◀喜びの言葉
これもひとえに○○建設株式会社はじめ工事関係者ご一同様のご苦労とご努力の賜物であると心より感謝致します．	◀関係者へのお礼
当社における事務所の分散は，あらゆる業務効率を低下させ，困った問題でしたが，新社屋の完成を指折り数えている次第です．本日はご満足頂けるおもてなしもできませんが，ごゆるりとおくつろぎ頂きたいと存じます．	◀建設の意義 ◀祝宴の主旨

●上棟式における建築主挨拶例

お蔭様でやっと仕上がりました．ご同慶にたえません．地下15mの根切工事で噴き上げてきた地下水との対決を乗り越えるには，ずいぶん手間取り，皆様方に御心配をおかけしました．	◀喜びと感謝の言葉 ◀工事の苦労話
あの苦しい場面で，お互いが同志という意識を持つことによって，不可能も可能になるし，喜びと悲しみと夢を共有することがどんなに大切であるか，昔も今も変わりがないということを肌で感じることができました．	◀工事を通じて学んだこと
有難うございました．○○ビルのご繁栄を心よりお祈り致します．	◀結び

●落成式における施工者・作業所長挨拶例

御社が新社屋建設に着工されたとお聞きして以来，アイデアマンの社長の指揮の下，どのような建物ができ上がるのか，大いに期待し楽しみにしておりました．	◀挨拶の立場
本日，早速新しい社屋を拝見させて頂きましたが，実に近代的で機能的なオフィスで，諸設備の斬新さに圧倒されました．御社もこのように立派な新社屋を得られ，さらに大きく躍進されることは間違いございません．	◀設計内容への賛辞 ◀建築主への賛辞
お招きを心から感謝し，私のお祝いの言葉とさせて頂きます．	◀招待へのお礼

●落成（竣工）披露における来賓挨拶例

▶付記◀ 祭式用語（五十音順）

用　語	解　説
青白幕（あおしろまく）	白とうすい藍色の布を交互に縫い合わせた幕で，几帳の奥に張る．祭壇の部分を囲むのに使う．浅葱幕（あさぎまく）とも言う．
麻苧（あさお）	麻の繊維からとった糸．苧（お）は糸の意味．麻緒とも書く．
浅葱幕（あさぎまく）	青白幕（あおしろまく）とも言う．
案（あん）	祭具類をのせる机のこと．机の足が8本あることから八足（はっそく）とも言う．
斎鎌（いみがま）	忌鎌（いみがま）とも書く．苅初の儀のときに使われるもの．
斎鍬（いみくわ）	忌鍬（いみくわ）とも書く．鍬入の儀のときに使われるもの．
斎鏝の儀（いみごて）	忌鏝（いみごて）とも書く．定礎式中に行なわれる儀式．詳細は本文第3章「上棟式」6－4参照．
斎鋤（いみすき）	忌鋤（いみすき）とも書く．穿初の儀のときに使われるもの．
斎砂（いみずな）	忌砂（いみずな），清砂（きよずな）または盛砂（もりずな）とも言う．砂を円錐形に盛り立てたもので，地鎮祭で祭場に設けられる．
斎竹（いみだけ）	忌竹（いみだけ）とも書く．四方笹（しほうささ）とも言い，祭場などの四方に立てる笹のついたままの竹．
斎槌の儀（いみづち）	定礎式の最後のころ，建築主が斎槌（いみづち）で礎石を三度たたいて礎石を打ち固める儀式．
斎物（いみもの）	忌物（いみもの）とも書く．鎮物（しずめもの）の別名．鎮物とは鎮物埋納の時に穴の中に埋納する品物のこと．鎮物の項参照．
斎主（いわいぬし）	普通は「さいしゅ」と読む．斎主（さいしゅ）の項参照．
穿初の儀（うがちぞめ）	建築主代表者が盛砂に三度斎鋤を入れる所作を行う儀式のこと．

用　語	解　説
受桶（うけおけ）	祭場に入る前の手水（てみず）のとき，手をすすいだ水を受ける桶．手水受のこと．
大麻（おおぬさ）	榊の枝に麻苧（あさお）・紙垂（しで）をつけ，修祓に用いるもの．
仮案（かりあん）	玉串（たまぐし）などを仮にのせておく案．玉串仮案の項参照．
苅初の儀（かりぞめのぎ）	草苅初の儀（くさかりぞめのぎ）ともいう．地鎮祭の鍬入の儀に先立ち，設計者または，その建築計画に重要な立場を占める人が，盛砂の草（もりずな）を斎鎌で三度苅る所作をする儀式のこと．
起工式（きこうしき）	工事着手の前に行う儀式のこと．地鎮祭の時に行われる場合が多いので，時には地鎮祭を意味する場合もある．
几帳幕（きちょうまく）	白絹または白布を縦に縫い合わせ，野筋を垂れたもので，祭壇の正面奥にかける．
清砂（きよずな）	忌砂（いみずな），盛砂（もりずな）に同じ．盛砂の項参照．
清祓式（きよはらいしき）	修祓式のこと．竣工した建物のお祓いを行う儀式のこと．詳細は本文第4章「竣工式」1－1参照．
清祓の儀（きよはらいのぎ）	清め祓う儀式．切麻（きりぬさ）と米を用いる時は「切麻散米の儀（きりぬささんまい）」とも言う．
切麻（きりぬさ）	切麻散米の行事で四方を祓う時に使われるもので，白い紙または五色の紙あるいは五色の絹のいずれかを一寸角程度に切ったもの．苧（お）を短く切ったものもある．
切麻散米の儀（きりぬささんまいのぎ）	切麻を用い，また米を散らしてお祓いをすること．
鯨幕（くじらまく）	祭壇などの周囲（普通三方）に巡らす白黒の幔幕のこと．
鍬入の儀（くわいれのぎ）	地鎮の儀の時，施工者が斎鍬で土を掘る所作を行う儀式のこと．詳細は本文第2章「地鎮祭」4－1参照．
磬折（けいせつ）	神職が祝詞（のりと）などを奏上している間，頭を下げて敬意を表していること．深い磬折は，角度が60度，浅い磬折は角度が45度で，お祓いを受ける間などに用いる．

付記　祭式用語

用　語	解　説
警蹕（けいひつ）	降神の儀や昇神の儀のとき，斎主（さいしゅ）が祈願の詞（ことば）を申し上げている間に，祭員が「オー」と一声または三声，声を出すこと．
献酒案（けんしゅあん）	奉献酒（ほうけんしゅ）をのせておく机のこと．
献饌（けんせん）	祭神にお供え物を供える儀式のこと．
降神の儀（こうしん）	祭神を祭壇の神籬（ひもろぎ）にお招きする儀式のこと．
紅白幕（こうはくまく）	白と赤の布を交互に縫合わせた幕で式場周囲に張る．
薦（こも）	真薦（イネ科の植物）を糸で編んだもので，案の下に敷いたりする．
祭員（さいいん）	神職が二人以上で祭式を行う場合の斎主以外の補佐役を務める神職のこと．
祭具案（さいぐあん）	地鎮祭における鎌・鍬・鋤など儀式行事用の祭具をのせた三方をおく台．台のことを案と呼ぶ．
斎主（さいしゅ）	神事を行う主たる神職のこと．
三方（さんぽう）	お供え物などをのせる台．正月に各家庭で鏡もちを飾る時に使う正方形で足のついた台．
散米（さんまい）	切麻散米の儀でお米で四方を祓う．昔は散米の米は玄米を用いた．「うちまき」とも言う．
鎮物（しずめもの）	「しずめのもの」「斎物」とも言う．鎮物埋納の時に土地の守護神に祈念の上埋納する品物のこと．地中に長く埋めておくので，一般に腐蝕しないものが選ばれている．「人形（ひとがた）・鏡・小刀」の三種のミニチュアを用いたり，神札，通貨，産土神社境内の清浄な小石などを納めたものなどである．
鎮物埋納（しずめものまいのう）	または鎮物埋納（しずめもの おさめ）とも言う．地鎮の儀の際に鎮物を埋納する儀式のこと．
四方笹（しほうささ）	斎竹（いみだけ）に同じ．斎竹（いみ）の項参照．
四方祓（しほうばらい）	土地や建物の四方でお祓いをして清めること．清祓の儀，切麻散米の儀の項参照．

付記 祭式用語

用　語	解　説
地鎮祭（じちんさい）	昔は鎮地祭（ちんちさい）とも言ったが現在では地鎮祭と呼んでいる．地祭（じまつり）とも言う．工事着手の前にその敷地をお祓いして，その土地の永遠の繁栄と工事の安全を祈願する儀式のこと．
地鎮の儀（じちんのぎ）	地鎮祭には斎鎌（いみかま），斎鋤（いみすき），斎鍬（いみくわ）を使った3つの儀式が包含され，それらを総称して「地鎮の儀」と呼ぶ．本文第2章「地鎮祭」4-1参照．
紙垂（しで）	玉串や注連縄（しめなわ）などにつける奉書または白い半紙で作った紙片．四手（しで）とも書く．
注連縄（しめなわ）	神を祀る場所であることを示すために張る縄．七五三縄とも書く．
笏（しゃく）	装束を着た時，神職が威儀を正すため手に持っている長さ1尺ばかりの板のようなもの．
修祓（しゅばつ）	神職（祭員）が神籬（ひもろぎ），神饌，玉串，斎主，および参列者一同を祓う儀式．一人奉仕の場合は，斎主が行う．
修祓式（しゅばつしき）	清祓式（きよはらいしき）のこと．清祓式の項参照．
竣工式（しゅんこうしき）	竣工奉告祭（しゅんこうほうこくさい）とも言う．建築物およびその付帯工事が完成したときに行う儀式で，その趣旨は着工以来祭神の加護のもとに工事が無事竣工したことを祭神に奉告して，その神恩に感謝の意を捧げる一方，新築建物の安全堅固と建築主の永遠の繁栄を祈願する祭儀のこと．
竣工奉告祭（しゅんこうほうこくさい）	竣工祭とも言う．竣工式に同じ．竣工式の項参照．
昇神の儀（しょうしんのぎ）	降神の儀でお招きした祭神が祭壇の神籬（ひもろぎ）からお帰りになる儀式のこと．
上棟式（じょうとうしき）	上棟祭とも言う．棟木（むなぎ）を上げる儀式で，本来の趣旨は落成するまで禍のないよう，幸あれかしと祭神にその加護を祈願する儀式のこと．一般には棟上げと呼ばれている．
神酒拝戴（しんしゅはいたい）	神事で供え，神が召し上がったお神酒をいただくこと．
神饌（しんせん）	神前に供える，米を始めとする酒食のこと．

用　語	解　説
神饌案 （しんせんあん）	神饌を供える机．
水器 （すいき）	神に供える水を入れる器．
正中 （せいちゅう）	祭壇の真正面に当たるところを言う．
礎石据付の儀 （そせきすえつけ）	定礎石を所定の位置に据えつけて，礎石の水平または垂直を検定する儀式のこと．
玉串 （たまぐし）	榊の小枝に紙垂と称する小さな紙片，または麻をつけたもので，遠い昔から神前へ誠を伝えるしるしの捧げ物として使われている．
玉串案 （たまぐしあん）	玉串奉奠挙行の時，玉串をのせる祭壇前の机．
玉串仮案 （たまぐしかりあん）	玉串を玉串案に奉奠する前に，それらの玉串を仮にのせておく机．
玉串奉奠 （たまぐしほうてん）	玉串拝礼とも言う．斎主や参列者が玉串を捧げ拝礼すること．
定礎式 （ていそしき）	定礎祭とも言う．建設の趣旨や建築主，設計者，施工者のほか工事関係者の名などを刻んだ定礎銘板などを入れた定礎箱を埋納して，定礎石を据え付ける儀式のこと．
定礎の辞 （ていそのじ）	定礎銘とも言う．定礎式中の定礎行事の始めに建築主が神前で奉読する．本文第3章「上棟式」6－4，第6章「実務マニュアル」6－3参照．
定礎箱 （ていそばこ）	普通鉛または銅で作られており，その中には定礎銘板，建築平面図，通貨，当日の新聞紙などが入れられてあるもの．後世へのタイムカプセルとなるもの．
定礎銘 （ていそめい）	定礎の辞のこと．定礎の辞の項参照．
定礎銘板 （ていそめいばん）	普通，真鍮または銅板に建物の名称，工事の概要，年月日，建築主および工事関係者などの氏名を刻んだもの．本文第3章「上棟式」6－4参照．
定礎銘板鎮定の儀 （ていそめいばんちんてい）	定礎式の始めころ，定礎銘板その他を定礎箱に入れてこれを封じ，それを建築主が所定の位置に納める儀式のこと．

付記 祭式用語

用　語	解　説
手桶（ておけ）	手水（てみず）を行う水を入れておく把手のついた木製の桶．
撤饌（てっせん）	神饌をお下げする儀式のこと．
手拭紙（てふきがみ）	手水のあと，手を拭く白い半紙．
手水（てみず）	祭式に先だって，水で手や口を清める儀式．「ちょうず」とも言う．
手水受（てみずうけ）	手水の時，手をすすいだ水を受ける容器．
手水桶（てみずおけ）	祭場に入る前に手を清める水を入れる桶．
手水役（てみずやく）	祭場に入る前に参列者の手を清める役．
直会（なおらい）	神に供えたお神酒や神饌をいただくこと．直会によって更なるおかげを受けることが出来る．
祝詞（のりと）	斎主（神職）が神に奏上する詞（ことば）．
祝詞奏上（のりとそうじょう）	斎主（さいしゅ）が祝詞を読み上げる儀式のこと．
八足（はっそく）	案（あん）のこと．案の項参照．
祓詞（はらえことば）	修祓（しゅばつ）の時，神職が神に申し上げる詞（ことば）．
火入式（ひいれしき）	冷暖房，溶鉱炉，ネオン広告灯などが完成した時，その操作の開始を祝う行事．
柄杓（ひしゃく）	手水（てみず）の時，水を汲む檜の素地製の杓．
神籬（ひもろぎ）	祭神を迎え奉るため神の宿るところの神聖な木．普通は榊の木に麻や紙垂（しで）がつけてある．榊のないところでは他のときわ木（常緑樹）でよい．
神籬案（ひもろぎあん）	神籬をおく机．案は八足（はっそく）とも言う．
鋲打の儀（びょううちのぎ）	鉄骨構造の場合，立柱式や上棟式などの時，建築主代表者が斎槌（いみづち）で鋲の頭を3回打ち固める儀式のこと．鉸鋲（こうびょう）の儀とも言う．詳細は本文第3章「上棟式」4-1参照．
幣串（へいぐし）	幣束（へいそく）のこと．幣束の項参照．
瓶子（へいし）	神前にお供えする酒を入れる土器．俗にいう神酒徳利のこと．

用　語	解　説
幣束（へいそく）	上棟式の時，祭壇に立てておき，上棟の儀で用いる幣．幣串（へいぐし）とも言う．詳細は本文第3章「上棟式」1－4参照．
奉献酒（ほうけんしゅ）	献酒案にお供えするお酒のこと．普通建築主，施工者，設計者などから供えられる．
真榊（まさかき）	榊の枝を棒の先につけ，五色絹をとりつけて，祭壇の左右相対に立て，向かって右に鏡と曲玉，左に剣をつけたもの．
幔（まん）	幔幕のこと．幔は障蔽用に縦に縫い合わせているもの．幕は横に縫い合わせている．
棟札（むなふだ）	建物の安泰を祈念し，建築物自体に建造または修理の記録を残しておくために，祭神名，建築物の名称，着工，上棟，竣工の各年月日の外，工事関係者の名などを書入れた大きな札（ふだ）のこと．
棟上げ（むねあげ）	上棟式のこと．上棟式の項参照．
盛砂（もりずな）	清砂（きよずな）または斎砂（いみずな）とも言う．砂を円錐形に盛り立てたもので，地鎮祭の時に使われるもの．詳細は本文第2章「地鎮祭」3－1，3－2参照．
用具案（ようぐあん）	儀式行事用の用具をのせておく机．机のことを案と呼ぶ．
立柱式（りっちゅうしき）	柱を建て固める儀式のこと．立柱祭（りっちゅうさい）とも言う．一般には，柱を立て始める時に行う．
立柱の儀（りっちゅう）	立柱式の祭式中に行われる儀式で，鉄骨造の建物の場合，基礎に柱を建てナットをスパナで締める．
伶人（れいじん）	儀式で楽を奏する人．楽人（がくじん）とも言う．

付記　祭式用語

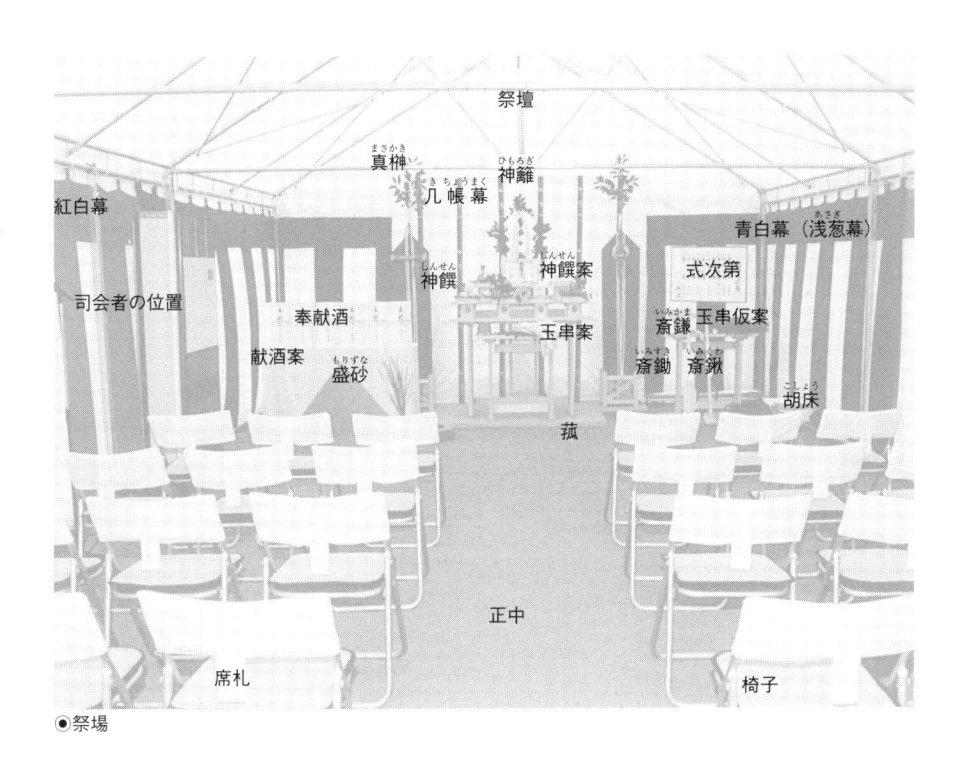

祭壇

真榊（まさかき）
神籬（ひもろぎ）
几帳幕（きちょうまく）
紅白幕
青白幕（浅葱幕）（あさぎ）
司会者の位置
神饌（しんせん）
神饌案（しんせんあん）
式次第
奉献酒
玉串案
斎鎌（いみかま）
玉串仮案
献酒案
斎鋤（いみすき）
斎鍬（いみくわ）
盛砂（もりずな）
胡床（こしょう）
菰
正中
席札
椅子

◉祭場

参考文献

『建築の儀式と地相・家相』／松嶋重雄／理工学社／2001
『新版・建築工事監理・上』／大阪建築士事務所協会 編／市ヶ谷出版社／2000
『建築の儀式と祭典』／鹿島出版会／1989
『すぐ役に立つ建築の儀式と祭典』／黒河内悠／鹿島出版会／1998
『都道府県別　冠婚葬祭大事典』／主婦と生活社／1995
『日本神名辞典』／神社新報社／1995
『現代こよみ読み解き事典』／岡田芳郎・阿久根末忠編著／柏書房／1993
『よくわかる日本神道のすべて』／山蔭基央／日本文芸社／1991
『社用・商用　冠婚葬祭のすべて』／大田正彦／文研出版／1990
『事務に役立つ会社行事の手引―その企画から運営まで』／会社行事編集室／新日本法規出版／1989
『建築技術選書　建築式典の実際』／学芸出版社／1982
『神道大辞典』／臨川書店
『もののはじめ考』――地鎮祭・定礎式――工事開始の儀礼／滝沢真弓／彰国社
『建設工事における神事・式典の計画』／施工／2000.12
『一人奉仕の建築諸祭』／山形県神社庁諸祭式講座／山形県神社庁／1992.3
『神祭具便覧』／民俗工芸
『式祭の進め方』／竹中工務店・総務部式祭担当／1995.10.20 作成・1997.9.25 改定
『地鎮祭』『上棟式』『竣工式』／竹中工務店英文パンフレット
『建築儀式の取扱要領』／竹中工務店／1966.3
『式典の進め方』／熊谷組大阪支部事業部／1990.4 作成
『社内報・松籟』／松村組／竹沢真造／橋本道男
『平成十八年神宮館高島暦』／高島易断本部編纂／神宮館／2005
・インターネット／「冠婚葬祭・贈答編京都版－京都地方の冠婚葬祭ご贈答辞典」
　　http://www.surugaya.co.jp/kankon/mizunosi.html
・インターネット／「美し国・伊勢－伊勢醤油本舗ホームページ」
　　http://www.inetmie.or.jp/~isesyoyu/jinguu/senguu/index.htm
・インターネット／「江戸文化研究－ The Sanja －東京下町ナビゲーター」
　　http://www.ne.jp/asahi/downtown/tokyo/tejime.html

あとがき

　長い1年間でした．昨年11月，同じ職場の出版小委員会委員長仲本尚志氏から本書の出版協力の依頼を受け，日本建築協会出版委員会に参画し，原稿作りと編集に精力を傾けて来ました．ここで本書の企画から出版に至る経緯を簡単に振り返ってみたいと思います．

　平成12年6月に発足した出版小委員会に11月から参画し，本書の構成と原稿作りに着手しました．各社より祭式の事例並びに関連資料や原稿の提供を受け，同年12月に本の構成についての概要を決定しました．以後の実質的な編集作業は，仲本尚志小委員会委員長，樋口勲委員と松尾の3名で進めて来ました．編集に当たり，この本に盛込みたかった要点は次の2点です．

　まず第一は，建築の祭式を建築主，設計者，施工者など読者の目でとらえ，系統立ててわかりやすく，読みやすくすること．そして読者にとっての最小限の基礎知識が得られる本にしたいということでした．そこで，内容の記述の手順に気を配りました．

　次に，建築の祭式と人々の生活との関係は暦や慣習，初詣・節分・宮参り・結婚式など身近な行事を通じて関連しており，歴史，民族，地域性に根差した共通項を持っていることを伝達したいということでした．難解な儀式も日常生活の慣習とつながっている面があります．

　編集担当者としてこの本に寄せる期待は，まず祭式の組立てが単純な原理に基づいており，それがわかれば全体像が理解しやすいこと．祭式の表層の所作がその意味と結び付けて理解されること．祭式関係者の基礎情報となること．建設会社の祭式実務担当者が編集に参加したことにより，現実に執行されている内容が記録されており，実務に役立つこと，などが挙げられます．ただし，内容の不十分な点や理解の足りない点については読者諸兄のご叱正をお寄せ頂きたいと思います．

　最後に，本書の出版に当たりお世話になった学芸出版社・吉田隆編集長，知念靖広氏，原稿資料の収集・整理作業での竹中工務店・上田晴司氏，表紙デザインのアドバイスをいただいた竹中工務店・堀口利晴氏，その他多くの方々にこの場を借りて深く感謝致します．

平成13年11月
「建築工事の祭式」出版小委員会
編集担当　松尾　純二

日本建築協会出版委員会
委員長　　山田　修　　修建築事務所

「建築工事の祭式」出版小委員会（所属は初版当時）
委員長　　仲本尚志　㈱竹中工務店・設計部
編　集　　松尾純二　㈱竹中工務店・設計部
検　証　　樋口　勲　㈱竹中工務店・総務部
資料収集　楠本照男　㈱昭和設計
　　　　　安達英俊　安達英俊建築研究所
　　　　　由良憲司　㈱松村組・総務部
　　　　　中沢敬次　㈱熊谷組・管理部

建築工事の祭式　　地鎮祭から竣工式まで

2001年12月20日　第1版第1刷発行
2016年6月10日　第1版第6刷発行

企　画　㈳日本建築協会
　　　　〒540-6591
　　　　大阪市中央区大手前1-7-31-7F-B
編著者　「建築工事の祭式」編集委員会
発行者　前田裕資
発行所　㈱学芸出版社
　　　　京都市下京区木津屋橋通西洞院東入
　　　　〒600-8216　電話 075-343-0811
　　　　イチダ写真製版／山崎紙工

© 「建築工事の祭式」編集委員会　2001
　　Printed in Japan　　ISBN978-4-7615-1174-6

JCOPY 〈㈳出版者著作権管理機構委託出版物〉
本書の無断複写（電子化を含む）は著作権法上での例外を除き禁じられています。複写される場合は、そのつど事前に、㈳出版者著作権管理機構（電話 03-3513-6969、FAX 03-3513-6979、e-mail: info@jcopy.or.jp）の許諾を得てください。
また本書を代行業者等の第三者に依頼してスキャンやデジタル化することは、たとえ個人や家庭内での利用でも著作権法違反です。